整体幸福教养

幸福家风班风建设实用手册

田小芬 — 著

台海出版社

图书在版编目（CIP）数据

整体幸福教养：幸福家风班风建设实用手册／田小
芬著. -- 北京：台海出版社，2024. 9. -- ISBN 978-7-
5168-3982-9

Ⅰ. G78-62

中国国家版本馆 CIP 数据核字第 2024N1Q908 号

整体幸福教养：幸福家风班风建设实用手册

著　　者：田小芬			
责任编辑：王　艳		封面设计：回归线视觉传达	

出版发行：台海出版社

地　　址：北京市东城区景山东街 20 号　　　邮政编码：100009

电　　话：010-64041652（发行，邮购）

传　　真：010-84045799（总编室）

网　　址：www.taimeng.org.cn/thcbs/default.htm

E - m a i l：thcbs@126.com

经　　销：全国各地新华书店

印　　刷：香河县宏润印刷有限公司

本书如有破损、缺页、装订错误，请与本社联系调换

开　　本：880 毫米 × 1230 毫米　　　　1/32

字　　数：160 千字　　　　　　　　印　　张：6.25

版　　次：2024 年 9 月第 1 版　　　　印　　次：2024 年 9 月第 1 次印刷

书　　号：ISBN 978-7-5168-3982-9

定　　价：68.00 元

推荐序

难得的幸福处方

很高兴能为田小芬老师的新书写序。

田小芬老师对中华传统文化的"道"、"德"和心理学的人格发展理论都有深刻的领悟。她把博大精深的中华传统文化的核心观点浓缩为"命运共同体，素其位而行；君仁臣忠，父慈子孝；遵循规律，反求诸己"。她用这简简单单的20多个字，加上人格发展心理学中高自尊形成的规律，把人们在恋爱、婚姻、教育、工作压力和团队管理等方面的问题成因和解决之道讲得清清楚楚，形成了一套老百姓一看就懂的通俗理论。这实在是难得！

我曾邀请田小芬老师为我校的教师进行《关于中华传统文化和心理学方面的常识》的系列培训。有教师反馈说，她从教20多年来，从来没有接受过像田老师所讲授的这么系统、高品质的学习，而我也有同样的感觉。

我还邀请田小芬老师作为特聘专家参与我校《生命视野下提升教师幸福感的策略研究》的课题研究，本书中所提到的《幸福家风班风联合建设系统落地方案》就是在这个课题研究的过程中田小芬老师提出的新亮点。依据参加《幸福家风班风联合建设系统落地方案》的家长、教师和学生反馈，他们通过参加实践活动，思想认知上收获很大，行为方式上变化也很大。我把幸福家风建设实践中使用的《共建家庭幸福心文明》分享给几位亲戚和朋友，他们也高兴地反馈效果很好。参加这个实践活动，也为我打开了一扇窗，让我遵循规律，着眼未来，活在每一个当下，家庭比以前更加温暖有爱，生活、工作也有了明确的方向。

于我看，这是适合每一个成年人读的书，是一本幸福宝典。正如田小芬老师说的，如果真正领悟了符合人道法则的、科学的幸福和爱的规律，人生就没有什么难题了。

我相信会有越来越多的人通过领悟本书关于个人幸福和团体幸福的规律，实践本书力主的解决问题的系统方案，就能获得更美好的生活和更有效的团队管理方法，从而实现更高层次的生命价值和意义。

员张逸夫小学副校长　周秋红

2023 年 8 月 5 日

自 序

根治家庭教育和学校教育困难的简单路子

从根源上解决家庭教育和中小学教育的困难，总结出一套培养有命运共同体意识、人格健康、四观①正确的国家建设厚德人才的系统理论和方法，是我今生最大的梦想，而现在你手上的这本书，就是实现这个梦想的可操作、可量化的系统理论和方法。

本书是我结合南怀瑾先生著述的中华传统文化选集和人格发展心理学的核心观点，以及我将近20年的心理服务工作经验，总结出的聚焦个人幸福和团体幸福规律的"整体幸福心理学理论体系"在家庭教育和中小学教育中的应用。关于什么是整体幸福心理学理论体系我将在本书第九章介绍。

要以整体和系统的视角来看家庭教育和中小学教育面临的困难和原因，并在家长、师生和中小学校长群体中普及关于个人幸福和团体幸福的规律（整体幸福的规律），来达到解决家长、师生和校

---

① 这里的"四观"是指世界观、人生观、价值观和幸福观。

长的问题，并综合提升家长、师生和校长群体的综合素质，从而达成本书所定义的成功教育的成果：把学生培养成有命运共同体意识、能识大体顾大局、人格健康四观正、能自立自强和守正创新的国家建设厚德人才。这是本书的核心思想，我把这个系统理论和方法叫作整体幸福教养。

本书中的《幸福家风班风联合建设系统落地方案》，是整体幸福教养的具体落地方案，该方案经陕西省渭南市临渭区贠张逸夫小学一至五年级的部分家长、教师和学生，以及参与我主持的整体幸福读书会的家长和孩子们共同实践验证，大多数家长、教师和学生反馈良好。该方案是形成幸福家风、幸福班风的科学系统的理论和方法；是提升家长、教师的幸福感和爱的能力、教育能力的系统理论和方法；是培养孩子健康人格和正确四观的系统理论和方法；也是学生爱上学习、感受到学习和交友过程的成长式快乐，并自律地做好自己应该做的事情，从而获得更好的考试成绩和更自信阳光的健康人格和正确四观的系统理论和方法。

你可能想问：为什么说本书所讲的系统理论和方法，是根治家庭教育和学校教育困难，以及培养健康人格、正确四观的科学系统的理论和方法呢？

我从《易经》里学习到的最有价值的一个观点是：天下任何事物分分秒秒都在变化，但不是乱变的，它是有规律的，掌握了其变化的规律，要解决问题就变得简单容易；任何事物都有一部分是永恒不变的，抓住不变就可以应万变。那么，人生幸福的规律是什么？什么是人生幸福规律中永恒不变的东西呢？

我抱着这两个问题在《大学》《中庸》《论语》《道德经》《易经》等中华传统文化和心理学的海洋里进行了深入系统的探索。

经过将近20年的探索，我明白了什么是真正的幸福，什么是真正的爱，什么是真正的教育成功，什么叫作厚德，什么是正确的世界观、人生观、价值观和幸福观，等等，明白了这些对人生幸福非常重要的议题的科学内涵和定义，也明白了人们之所以有那么多困扰的深层原因，并掌握了从根源上解决各种关于人的问题的系统理论和方法。

化解教育的困难，我同样从"教育成功的规律是什么？什么是教育成功的规律中永恒不变的东西？"这两个问题入手进行思考和探索，而本书，也正是我对这两个问题的系统回答。

本书浓缩了人生幸福必须具备的中华传统文化和心理学的核心常识，而且通俗易懂接地气，读懂本书的内容，就相当于读懂了中华传统文化和心理学的核心观点与常识，掌握了人生幸福的规律，你的潜能也能获得更好的发挥。所以，本书是解决教育问题的系统理论和方法，也是解决人生其他问题的系统理论和方法。

期待有更多的读者能利用好本书，获得更美好的生活和工作成果。

最后，感谢整体幸福读书会的所有同学，感谢参与实践验证的陕西省渭南市临渭区贠张逸夫小学的所有家长、教师和学生们，感谢所有支持和帮助本书出版的所有人士，深深地感谢！

整体幸福心理学理论体系创立者

整体幸福心理文化建设推动者田小芬

2023 年 8 月 1 日于南宁

前 言

关于教育

教育，无论是对于个人，还是对于家庭、学校、企事业单位、社会和国家来说，都是头等大事，是支出最多、历程最长、最难达到理想效果的一件事情。

国家的教育方针明确指出：要优先发展教育，建设人力资源强国。教育是民族振兴的基石，要坚持育人为本、德育为先，要把立德树人作为教育的根本任务，把社会主义核心价值观体系融入教育的全过程，引导学生树立正确的世界观、人生观、价值观和幸福观，培养德智体美全面发展的社会主义事业建设者和接班人。

然而，作为家长、教师或校长，我们敢说自己培养出来的大多数学生都是厚德，且都有正确的世界观、人生观、价值观和幸福观的人吗？我甚至听到过一些学校教师说："德，是很难界定的。""品德教育，是家长的事情，学校主要是教给学生知识。"

我也咨询过一些中小学校的教师和校长，关于中小学校在德育方面的情况，得出的结论是：德育，是被严重忽略了的，包括家庭教育和学校教育，都在很大程度上忽略了德育这个核心。

2023 年 3 月，高三毕业季，有两个高考百日冲刺誓师大会的视频又引发了我对教育的担忧。其中一个视频中的女生非常大声地说："凌晨 6 : 00 钟的操场真的很黑，但 600 多分的成绩真的很耀眼，十年寒窗无人问，一朝成名天下知。"另一个视频中的女生精疲力竭地哭着大声喊："我要考中国人民大学！我要考中国人民大学！"

我当时看了这两个视频，有一种心疼的感觉，我心疼这些孩子们，特别是哭着喊"我要考中国人民大学！我要考中国人民大学！"的这个孩子，我感觉到她就像是一只蜗牛背着重重的壳在努力地往前爬行。

我认为，学生，不应该被教育成这个样子，当然，不代表全部的学生都是这个样子，但有不少学生感到学习是一种压力，没有什么成长式的快乐，这种现象并不少见。

北京大学副教授、北京大学心理健康教育与咨询中心副主任徐凯文教授在 2016 年首次提出"空心病"这个概念，他说，现在北大有不少学生其实是得了"空心病"，主要是缺乏存在感、价值感和意义感，不知道为什么要学习、为什么要活着，觉得活着没有什么意义，出现这种情况，与家长和教师有很大的关系。

依我看，当下家庭、学校和社会上出现的很多问题，包括一些恶性事件，实际上都反映出一个严重的问题：我们的教育没有真正起到立德树人的作用，甚至有偏离"育人为本，德育为先"的倾向。究其原因，我个人认为，一是整个社会，特别是家长、班主任教师和校长等这些本书统称为教育者的人，普遍存在自尊水平不足，认知不够，欠缺"育人为本、德育为先"的意识和能力；二是到目前为止，还没有发现科学系统又通俗易懂的关于德育的系统理论和方法。

而我坚信，本书中提出的整体幸福教养的系统理论和方法，即在家长、师生和校长群体中普及中华传统文化和心理学关于个体幸福和团体幸福的规律常识，并聚焦幸福家风班风联合建设，来整体提升家长、师生和校长群体的自尊水平，从而提升对人性以及人道规律的认知能力，是关于德育的科学系统又通俗易懂的系统理论和方法，而且这个系统的理论和方法，可以用到各行各业，用以解决人的问题。

关于本书

在本书中，我将以整体幸福心理学的视角，从教育的目的、问题现象、问题原因、解决之道、落地方案五个方面来详细陈述从根源上解决家庭教育和中小学教育困难的系统理论和方法。从这五个方面来理解、分析和解决现实问题，是一种通用的科学系统的问题解决策略。本书第六和第七章是整体幸福教养的具体可操作方法，也是幸福家风班风联合建设的可操作方法。

本书是关于整体幸福教养的系统理论和方法，是关于幸福和爱的规律学说，是关于家长如何爱孩子、孩子如何爱家长、老师如何爱学生、学生如何爱老师的系统理论和方法。

本书也是关于个体幸福和团体幸福的规律学说。本书所涉及的个体有家长、中小学教师、校长和学生，涉及的团体有家庭团体、中小学班级团体、学校团体和国家团体。

本书也是命运共同体意识培养的规律学说：家庭是一个命运共同体，班级是一个命运共同体。在中小学教育事业中，家长、教师和学生三者是关于教育成果的同一命运共同体，任何一方不合作，其他两方都难有好的成果。

总之，本书是关于人性和人道规律常识的科学解答之书，是幸福家风和幸福班风建设的系统理论和方法，是培养孩子健康人格和正确四观的系统理论和方法，是从根源上解决家庭教育和中小学教育困难的系统理论和具体可操作的系统方法。此外，本书也是我对与教育相关的一些重要议题的科学解答，比如，什么是真正的幸福和爱，什么是正确的世界观、人生观、价值观和幸福观，等等。

这里说的"科学"，是指既符合中华传统文化和心理学关于个人幸福与团体幸福规律，又符合人性和人道法则且是通俗易懂、有指导意义的哲学定义，可能跟你之前接触到的定义有很大的不同。

我坚信，如果本书所讲的整体幸福教养的系统理论和方法被更多的家长和中小学校实践应用，那么，更多的家长、师生会感受到教和学的乐趣，获得更好的成绩，而且命运共同体的意识和社会主义核心价值观也将在更广泛的国民中形成，国民道德水平也将整体得到提升，教育强国、文化强国这样的治国战略将有更加坚实的基础保障。

愿更多的人能看到本书，并实践本书里所说的方法。

如何阅读本书才更有效

第一步，建议你首先认真阅读推荐序、自序、前言这几部分。

第二步，认真填写《总体生活满意度自评量表》（在本书第六章）。

（1）如果你是家长，可以这么做：

填写量表 6-1《家长总体生活满意度自评量表》，你可能会发现你从来没有这么认真地对待过自己的心。

对你的孩子说："我正在学习如何成为更平和有爱的妈妈，把我们的家庭建设得更加幸福有爱，如果你认真填写量表 6-2《未成年人总体生活满意度自评量表》，将有助于妈妈学习成长得更快，你越真实地填写，越有利于妈妈的学习提升。"

作为家长你要做好思想准备，孩子对你的感觉可能没有你想的那么好，但通过填写这张表，你与孩子的心一下子就拉近了很多。

（2）如果你是中小学班主任，可以这么做：

填写量表 6-3《教师总体生活满意度自评量表》，并邀请你的孩子和学生填写量表 6-2。除了你可能发现你并没有你自己想的那么优秀之外，你还通过与孩子和学生交流这张表的内容拉近了你们之间的心理距离，使今后的教学更有成效。

（3）填写《总体生活满意度自评量表》的价值和意义

这些量表，是我根据整体幸福心理学的理念，为家长、未成年孩子和中小学教师而写的，是对自己内心状态的评估，也是促进相互了解，拉近亲子之间、师生之间心理距离的一个实用量表。有不少家长反馈，通过了解孩子填写的《未成年人总体生活满意度自评量表》更懂孩子的心，与孩子的心更近了。

第三步，立志。

王阳明先生说："志不立，天下无可成之事。虽百工技艺，未有不本于志者。今学者旷废隳惰，玩岁愒时，而百无所成，皆由于志之未立耳[①]。"于整体幸福心理学的理论来理解，这句话的意思是说：立志要成为一个领悟人道法则的人或成为一个领悟个人幸福和团体幸福规律的人，是人生第一等重要的事（在本书，"人道法则"与"个人幸福和团体幸福规律"可以互换使用，因为其内涵相同）。历史上，在各行各业中能持续做出大成就的人，没有一个不是领悟了人道法则的，没有一个不是领悟了个人幸福和团体幸福规律的。现在有些学生贪图吃喝玩乐，不求上进，或只为文凭、证书而学，不理解文中哲理，不立志领悟人道法则导致一生碌碌无为。但如何

---

① 王阳明著，北京知行合一阳明教育研究院编.致良知是一种伟大的力量（原文版）[M].北京，东方出版社，2016，第30页。

立志才有动力？这是个大问题。我个人建议，要立一个能解决你现实问题的志向才有着力点，才有动力。比如，家长可以立志"我一定要掌握培养孩子健康人格和正确四观的系统理论和方法"或者"我一定要弄明白真正的幸福和爱的规律是什么"，等等。

第四步，建立线上共学小组一起阅读本书。

（1）最好是像负张逸夫小学那样，校长重视，组织家长、教师和学生分组在群里共学本书中的《幸福家风班风联合建设系统落地方案》这个部分，当然，最好是在把整本书通读一遍的基础上着重读这个部分。

（2）如果你的孩子就读的学校校长或班主任没有这个意识，你也可以找几个与你孩子同班的同学家长或同一小区的孩子和家长或你自己的亲戚朋友组成"幸福家庭读书小组"微信群，一起来共读本书。

（3）企事业单位领导、社会团体负责人、小区的业主可以建立自己的"幸福家庭读书小组"微信群共学小组，一起学习。

当然，你也可以自己读，只不过，自己读不如小组共读收获大、见效快。

目 录

第一章　总论

第四章　教育问题的成因

第五章　教育问题的解决之道

第六章　系统落地方案：幸福家风班风联合建设

第七章　家长师生共学内容：人生幸福必须具备的中华传统文化和心理学核心常识

第一章　总论

　　教育之所以有那么多的困难，源于我们对教育的一些重要议题没有深入理解，所以，在本章，我先将"什么是人性"、"什么是教育"，以及家庭教育和学校教育的科学定义和衡量标准来做个界定。

第一节　与教育相关的一些内容界定

什么是人性

迄今为止，我所发现的，对"什么是人性"这一问题做出较为贴切的描述的，是美国著名的社会心理学家、精神分析学家和哲学家艾里希·弗洛姆，他在《健全的社会》一书中说，"人学"的最终任务便是对那些可以称为"人性"的东西给出正确的描述，人们通常所说的"人性"实际上只是人性所具有的众多表现形式之一，而且常常是指那种病态的表现形式，要从人性的无数表现形式（包括正常的和病态的形式）中推断出整个人类共有的东西，这些形式我们可以在不同的人身上和不同的文化之中观察到。①

但对于"什么是人性"，他仍然没有给出明确的定义。我结合《中庸》"天命之谓性，率性之谓道，修道之谓教"和人格发展心理学的观点，得出的（从心理学的角度）对人性的定义是：人性是指全人类共有的、对被爱和有价值这种美好感觉的渴望以及人与人之

---

①〔美〕艾里希·弗洛姆著，健全的社会［M］孙恺祥译，北京：人民文学出版社，2018，第 008-009 页。

间天然的关系法则。

"被爱"是指：感受到被重要的他人真诚的关心、理解、尊重、重视、肯定、欣赏、包容、接纳和一定程度的自由。对大多数人的人格形成过程来说，"重要他人"，在家主要是指父母，在中小学校主要是指班主任，在工作单位主要是指上司。

"有价值"是指：感觉到自己对他人、对家庭、对工作团体和国家发展起到了作用。

"人与人之间天然的关系法则"是指："命运共同体，素其位而行；君仁臣忠、父慈子孝"，意思是说没有单独存在的个人，每个人的命运都必然与他人、与家庭、与工作团体和国家团体的荣辱相关联，每个人的言行也都必须是有益于他人、有益于团体发展的。"命运共同体"包含了心理学上所说的人人渴望的归属感、序位和付出与接受之间的平衡。

渴望被爱和有价值，以及人与人之间天然的关系法则，就是整个人类共同渴望获得的东西，无论是黄种人、白种人或黑种人，老人还是孩子，男人还是女人，在不同的人身上和不同的文化之中都能观察到。违反上述这些人性法则的思想和行为都将失败。

个体感受到幸福或不幸福，团体能否和谐发展以及社会上发生的诸多问题，在很大程度上取决于上述人性的需要是否获得了满足。

美国著名心理学家和人际关系大师戴尔·卡耐基写了两本书，

分别叫作《人性的优点》和《人性的弱点》。于我而言，人性没有优点、弱点或缺点之分，它们都是人的天然特性。人们平常说的"妒忌""贪婪""自私"等这些不良的思想和行为表现，是家庭教育和中小学校教育未能尊重人性的需要去实施立德树人的正确教育的结果，即这是德育被严重忽略的结果，一旦提升人们的自尊水平，这些不良的思想行为就会消失。

以上，就是我目前对"什么是人性"的科学回答。按照这个人性的内涵，你会发现，现实中有不少人的思想和行为是反人性的，由此就会明白为什么人世间会有那么多的烦恼和痛苦了。

什么是教育

我曾就"什么是教育？"这个问题采访过一名在读大学生，他说：第一，教育是一个持续性的过程，应该包括家庭教育、学校教育和自己对自己的教育过程。第二，教育不应当单单理解成技能教育。现在我们大多数教育是关于如何提升自己的技能、如何就业，在各种证书的考核过程中逐渐忽略了内在的教育。教育应该包括如何爱国、如何爱人、如何爱自己等这些修身养性立德的内容。

这个大学生对于教育的理解已经比很多人深刻了。

我对"教育"的理解和定义是：教育是一种影响，是指家长、教师和教育环境对被教育者施加的有意识和无意识的影响过程。

什么是有意识的影响？

比如妈妈教孩子认字，教孩子风俗习惯；学校老师教学生数学、语文知识。我们在幸福家风班风建设的实践研究中，要求家长师生共读《人生幸福必须具备的中华文化和心理学核心常识》、在家里墙上贴《共建家族幸福心文明》和在班级墙上贴《共建班级幸福心文明》等，这些都属于是教育者和教育环境对被教育者施加的有意识的影响。

什么是无意识的影响？

家庭风气、班级风气以及家长和教师对待生活与工作的态度、如何应对现实生活中的各种问题的态度和行动，这些都在无意识中展现了家长和教师的世界观、人生观、价值观和幸福观。家长和教师在日常生活或工作中应对人、事、物的这种无形的态度，就会对孩子形成一种无意识的影响。

好的教育是指家长、教师以身作则，把"命运共同体，素其位而行"这个最高的做人自然法则和科学知识系统地传授给孩子，促进孩子的自我教育，使孩子成为人格健全、四观正的人。

整体幸福教养

"整体幸福教养"是我提出的新主张，是属于人本主义范畴的。对个人来说，是指个体主动去了解人性、了解个体幸福和团体幸福的规律，并逐渐修正自己的思想行为，做好自己应该做的事情，直至成为一个真正的人的过程；对团体来说，是指在团体成员（包括领导者和被领导者）中普及人性的需要，以及个人幸福和团体幸福的规律，使团体成员都能做好自己在家庭团体和工作团体中应该做的事情，从而促进团体健康发展的过程。

在本书中，整体幸福教养是指，在中小学家长、师生和校长群体中普及关于个人幸福和团体幸福的规律常识、真正的爱，以及正确的世界观、人生观、价值观、幸福观、教育观、学习观、交友观、金钱观和爱国观（九观）等这些"成为一个真正的人"所必须具备的人文常识，并聚焦幸福家风和幸福班风的联合建设，提升自尊水平，使家长、师生和校长都能自律地修正自己的言行，从而保障人人都能成为有命运共同体意识、能自律且创新性地做好自己在家庭、学校或工作团体中应该做的事情，人格健康、四观正确，且对国家建设有用的德才兼备的人才。

一句话来说，整体幸福教养是关于健康人格和正确四观养成的系统理论和方法，是命运共同体意识养成的系统理论和方法，是德育的系统理论和方法，是社会主义核心价值观养成的系统理论和方法，是人生幸福的系统理论和方法，是社会主义意识形态养成的基础理论和方法，等等。

说一个人"缺乏教养"，实质上是指一个人欠缺上述整体幸福规律常识的教育和正确四观的养成。

高自尊、自卑和自我概念

了解高自尊和自卑的定义和形成规律，能减少很多人际冲突，提升自己的智慧，这也是一个人想要人生幸福必须领悟的核心内容。

自尊，是心理学中一个非常重要的概念，是指个体对自己在家庭生活、学习和工作能力、人际关系、智慧等方面的总体感觉，是个体喜欢自己的程度。

自尊的形成是个体依据自己在0~10岁这个人格形成的重要阶段感受到的被爱和有价值，从而得出的相对稳定的对自己的总体感觉和看法。

对于年幼的孩子来说，被爱是有价值的基础；对于成年人来说，有价值是被爱的前提。

高自尊，是指由于个体在0~10岁这个人格形成的重要阶段感受到足够多的被爱和有价值，从而产生的高度喜欢自己的积极自我概念；或者通过修身之言提升了自尊水平，在生活、工作和人际关系等方面的总体感觉良好。

低自尊，是指由于个体在0~10岁这个人格形成的重要阶段很少感受到被爱和有价值，从而产生不喜欢自己的消极自我概念；或者成年后感觉自己在生活、工作、人际关系、智慧和能力等方面总体不好，不喜欢自己。有些极度低自尊的个体还会自我怨恨，讨厌自己。

自卑，与低自尊是同义词，是由于低自尊而形成的自我不满的心理状态。从心理的层面看，由于大多数人的童年都存在不同程度的被爱和有价值感的欠缺，所以，大多数人都有一定程度的低自尊和自卑。适度的自卑能催人奋进，过度的自卑会阻碍人的身心健康、潜能的发挥和人际关系的和谐。

自我概念，是指个体对自己的总体评价，是个体对自己的定义。自我概念不一定客观反映个体的真实情况。比如，有些人实际上各方面都不错，但他却觉得自己很差劲；而有些人各方面都不怎么样，但他却觉得自己很优秀，别人都不如自己。

自我概念在很大程度上指导着个体的言行，比如，当一个孩子内心的自我概念是"我是一个很笨的人或我是一个没有用的人"时，他可能就不会努力，也不会去尝试，甚至会因为担心他人瞧不起自己而处处防御，从而影响自己潜能的发挥和人格的健康发展。

自尊与自我概念、四观和人格健康程度等是下面这样的一种路径：

感受到足够的被爱和有价值→获得高自尊→自信→产生积极的自我信念→形成积极的自我概念→形成正确四观→形成健康人格（相当于中华传统文化中的厚德）→获得个人幸福、工作顺利、家庭幸福等。从这种路径中你大概也能明白为什么有些人很难获得满意的幸福生活。

如果 0~10 岁期间所感受到的被爱和有价值形成的自我概念相对稳定，只要在今后的人生中没有遇到大事件，就很难改变，因而，成年人的心态很难改变。

对成年人来说，有个特别准确的自尊水平的衡量标准，就是对自己父母的态度，自尊水平较高的人，能发自内心地接受并感恩自己的父母，情商较高；而指责埋怨甚至怨恨父母的人，通常就是低自尊的人，情商较低。

低自尊或自卑是未成年人问题的深层原因，也是成年人各种问题的深层原因，提升个体的自尊水平，让人生没有难题，是本书的核心观点。

道、德和幸福规律

什么是道？什么是德？人生幸福有共通的规律法则吗？这三个问题是超有价值的问题，却往往容易被人们忽略。

道，是指永恒不变的天然规律，比如，从春天到夏天到秋天到冬天，这个变化的规律是永恒不变的。

人道，是指关于做人的永恒法则，是做人的天然规律，是关于个人与个人之间、个人与团体之间和个人与自己之间永恒不变的关系法则，以及每个人对被爱和有价值的内心渴望，是关于应该如何做人的学问。

关于做人的学问，如何才能掌握这个永恒不变的法则？国学大师南怀瑾先生在《论语别裁》中说道，孔子的学生子贡曾问孔子"有一言而可以终身行之者乎？"意思是问：为人处世的道理、做人的道理，您能不能用一句话来概括？大家终身只按照这么一句话来做就行，不用学那么多。孔子回答说"己所不欲，勿施于人"①。

于我看，单单"己所不欲，勿施于人"这么一句还不能全面概括做人的道理，也难以起到指导人们在日常生活和工作过程中对思想行为的自我规范作用，所以，我提出了26个字来概括做人的道理："命运共同体，素其位而行；君仁臣忠，父慈子孝；遵循规律，反求诸己。"

正如国学大师南怀瑾先生的观点，真理只有一个，我们拿哲学的观点来说，宇宙万物的那个最原始的东西，哲学家把它称为"本体"，印度人把它称为"佛"或"如来"，中国人把它称为"道"，名称不同而所指是同一个东西②。

所以，这26个字可以有很多名称，可以叫作中华传统文化的核心观点，也是本书称之为"人道法则""幸福规律""个体幸福和

---

① 南怀瑾著述，论语别裁（下册）（第三版）[M]上海：复旦大学出版社，2002，第728页。

② 南怀瑾著述，论语别裁（上册）（第三版）[M]上海：复旦大学出版社，2002，第169页。

团体幸福"这几个名词的内涵，亦是人文文化的总纲领。在本书的后面，我将用"命运共同体……"来指代这 26 个字。

在本书，这个做人的人道法则或幸福规律都是指这 26 个字，它相当于是人生幸福的"交通法规"，遵守它，人生就幸福顺利；违反它，人生就处处受阻。而且人人都领悟这个"交通法规"的内涵并按照其去修正自己的思想和行为，才能得到想要的那个果：个人幸福、工作顺利、家庭和谐、国家富强，这是我 60 多年的生命经历得出的观点。

德，我的定义是指个体表现出来的、相对稳定的、吻合 26 个字的内涵的思想和行为。

道和德是一体两面，道是德的本体，德是道的体现，也就是说，做到了，就一定是领悟了上述 26 个字的内涵了，反过来也通，真正领悟了，也一定能做到，做不到，就是没有真正知"道"。所以，没有"道理都懂，但是做不到"这一说。

本书把能以 26 个字作为自己在日常生活和工作中的思想和行动指南，不断地修正自己的思想行为，使自己的思想行为逐渐接近"命运共同体……"这种生命状态的人称为有德的人。

"厚德"，是指个人真正呈现出"命运共同体……"这种人道法则的生命状态，即指个人有命运共同体的意识（大局意识），知道自己与自己所在的团体（家庭、工作单位、国家）是同一个命运共同体，是一荣俱荣、一损俱损的关系，团体和谐富强，自己才可能有真正的幸福和安全，并清楚自己在团体中的角色是什么，能自律地、创新性地做好自己在团体中应该做的事，并把将自己所在的团体建设得更好作为自己的使命，只做对团体及他人有益的事，不做对团体及他人有害的事。当自己成为年幼孩子的父母时，能意识到自己的任务就是了解孩子的生理和心理发展规律，给到孩子健康成长所需要的生理和心理营养，能关爱孩子，使孩子成为人格健康四观正、对国家建设有用的人才；当自己处在成年子女的位置时，能接纳并感恩父母的养育之恩，当父母需要时能尽自己之力反哺父母。

文化的定义

国学大师南怀瑾先生在《论语别裁》中说：过去的观念，文化偏重于人文——人伦的道理，即伦理的道德、政治的伦理和社会的伦理[①]。

"人伦的道理"是指人与人之间的关系法则，孔子讲了"君臣、父子、夫妇、兄弟、朋友"这五伦的关系法则。

依我个人的观点，还应该加上"个体与自己的关系"和"个体与团体的关系"这两伦，共七伦才比较完整。

---

① 南怀瑾著述，论语别裁(上册)(第三版)[M]上海：复旦大学出版社，2002，第 19 页。

"文化"二字有两层意思。

第一层意思，是指人类在长期的生活和工作中得出的关于个体与个体之间、个体与团本之间、个体与自己之间的关系法则。对个人来说，"文化"主要是指个体的世界观、人生观、价值观和幸福观。

在古代中国，讲到文化，主要是指《大学》《中庸》《论语》《道德经》《易经》等这些中华传统文化经典。但这些经典不容易读得懂，不够简单通俗和接地气，普通百姓很难用它们来指导自己日常的思想和行为，所以，在本书中，我把文化的核心内涵浓缩为"命运共同体……"这 26 个字，这是中华传统文化的核心观点，也是个体幸福和团体幸福都必须遵循的人道规律，更是不变的人道法则和幸福规律，它就像交通法规，遵循它，人生就顺利；违反它，人生就处处碰壁。

第二层意思，是指以前人总结出来的人道法则来规范自己的思想和行为，使自己的思想和行为逐渐达到"命运共同体……"这种生命状态的过程，就是以文化人的过程。

对个人来说，文化是指个体以"命运共同体……"这种人道法则作为自己做人做事的行动指南，并不断修正自己的思想和行为，使自己的思想和行为逐渐接近"命运共同体……"这种人道法则，形成正确四观和健康人格的过程。

对团体来说，文化是指团体以"命运共同体……"这种人道法则作为团体幸福文化建设的根基，制定出适合团体的整体幸福文化规范，形成文件并普及到团体中的每一个人，使他们都能用这种文化规范来规范自己在生活和工作中的思想与行为，让团体中大多数人的思想与行为逐渐达到"命运共同体……"这种人道法则的生命状态，拥有健康的人格和正确的四观，让整个团体的人心更凝聚、更有创新力，也更能自律地做好各自在团体中应该做的事，这样的过程叫作"文化"。

总结而言，"文化"的第一层意思是指文化成果，第二层意思是指以文来教化、升华人的思想，使自己及团体成员在做人做事方面逐渐接近天然的人道法则、形成正确四观和健康人格的过程。比如，我们现在在认真读这本书，并按照这本书里讲的理论和方法系统地进行幸福家风和班风建设，从整体上来提升家长、师生的自尊水平、意识境界和智慧格局，使大多数的家长、师生都能拥有健康的人格和正确的四观，这个过程就是以文化人的过程。

有文化和有学问

"有文化"与"有学问"在本书中是同义词。

前面我们已经规定了本书所讲的"文化"是指人文文化，具体包括《大学》《中庸》《论语》《孟子》《道德经》《易经》等中华传统文化经典，同时也把"命运共同体……"这26个字作为本书所指的中华传统文化的核心观点。所以，个体能理解"命运共同体……"这种人道法则的内涵，并按照这种人道法则去不断修正自己的思想和行为，创新性地做好自己在家庭团体和工作团体中应该做的事情，直到真正能按照这种人道法则去做人做事，就是有文化、有学问的体现，就可以称为是有文化、有学问的人。

习主席在《习近平谈治国理政（第四卷）》中强调把文化建设摆在更加突出的位置：要坚定文化自信，推动中华优秀文化创造性转化、创新性发展……推动高质量发展，文化是重要支点；满足人民日益增长的美好生活需要，文化是重要因素；战胜前进道路上各种风险挑战，文化是重要的力量源泉。[①] 所以，成为一个有文化、有学问的人，不只是某一个人的事情，而是每一个人的责任和义务。

国学大师南怀瑾先生在《论语别裁》中说，一个人有没有学问，就看这个人能否对父母尽孝，对兄弟、姐妹、朋友是否有爱[②]。南怀瑾先生这句话是衡量一个人是否有文化、有学问的标准。我在本书中也多次强调，一个人对其父母的态度，就是一个人情商高低、自尊水平高低、自我价值感高低、人格健康程度、四观正确程度、幸福和爱的能力强弱等的核心衡量指标，而且相当准确。

---

① 习近平著.习近平谈治国理政（第四卷）[M].北京：外文出版社，2022，第 309 页。

② 南怀瑾著述，论语别裁（上册）（第三版）[M].上海：复旦大学出版社，2002，第 119 页。

真正能全然接纳父母、孝敬父母、感恩父母的人，也是能对兄弟姐妹有爱的人，是在工作单位里尊敬领导、团结同事的人，是人格健康四观正的人，是有命运共同体、能素其位而行的人，是在君位能仁、在臣位能忠、在父母位能慈爱、在孩子位能孝敬的人，是爱探寻规律并按照规律做人做事的人，也是能自我反省的人。

现在，有不少人把有大学毕业证书当成是有文化，把接受过高等教育的人称为是有文化的人，这样的认知是欠科学的，我们必须警惕，有文凭没文化的人对社会来说，有可能更危险。

社会上有文凭但没有文化，最终走上犯罪道路的人并不罕见，这个应该引起我们家长、教师和教育系统领导者的高度重视。把教育行为始终聚焦在真正把孩子培养成有文化、有学问的人，也是人格健康四观正的人这条教育的正确轨道上，是家长、教师和教育系统领导者的责任和义务，也是教育成功的根本保障。

而我坚定地相信，单单普及并领悟"命运共同体……"这26个字所概括出的人道法则的内涵，以及由这26个字延伸出的关于正确的世界观、人生观、价值观、幸福观、教育观、学习观、恋爱观、金钱观和爱国观的正确认知，就是关于做人做事和人文文化修养方面的核心之核心、重点之重点、根基之根基，离开这个核心谈人的教育或文化，都需要警惕。

而且我坚定地相信，普及这些文化的教育，不仅仅解决教育的问题，也解决个人问题、家庭问题和社会问题。

育人为本，德育为先

"育人为本，德育为先"是我国立德树人的教育方针明确规定的关于教育的核心指导思想。于我的理解，它有两层意思。

第一层意思：

"育人为本，德育为先"是指，教育的目的是以"把人培养成为一个德才兼备的人"为根本，其中德的培养是第一位的。德和才就相当于是人的两条腿，"两条腿"都健康有力，才能行稳致远，具体如图 1-1 所示。

图1-1　人字结构："双腿"健康有力才能行稳致远

德不行，专业能力越强，危险性越大。比如，医生这个职业，医生的职责是治病救人，但如果医生的医德不行，医生的心歪了，那么就可能会为了多拿提成小病大治或不见红包脸难看、刁难病人，甚至做出谋财害命的事，危害社会稳定。同样的，教师这个职业，教师的职责是传道授业解惑，如果师德不行，给学生输入违反人道自然法则的世界观、人生观、价值观和幸福观等，待这些受到歪曲四观污染的学生走上各行各业，对整个社会和国家来说，破坏力会非常大。

社会上有些曾经呼风唤雨的人，最后人设坍塌或锒铛入狱，都是因为"德"这"一条腿"不够健康有力。

第二层意思：

"育人为本，德育为先"是指，第一，整个教育系统把什么叫作成为一个人、什么叫作厚德、什么是健康人格等这些常识，在家长、教师、校长和学生群体中普及，并使家长、教师、校长率先按照"命运共同体……"这种人道法则来不断地修正自己的言行，把自己率先修养成为一个做人正、做事能力强、厚德、拥有正确四观和健康人格的人；第二，家长和教师用自己的言行给孩子普及"命运共同体……"这种人道法则的内涵，以及关于什么是真正的健康人格和正确四观等这些常识，以培养孩子的正确四观和健康人格为目的，而不是以考试成绩为目的；第三，按照正确四观和健康人格形成的规律，为学生创造利于其正确四观和健康人格形成的幸福家风和班风，使大多数学生都拥有正确的四观和健康的人格，都以成为"真诚、合作、敬老、爱幼、爱国、爱家、爱自己、爱学习、爱工作、爱分享"的人作为思想修养成熟的目标，并自律地学习做人做事的各学科知识和技能。我把上述这样的态度和行动，称为真正是在践行"育人为本，德育为先"之道，否则，"育人为本，德育为先"只是一句口号，没有实际效果。

"师者，传道授业解惑也"的内涵

我有一个坚定的信念，若家长、教师和教育系统的领导者都能真正理解"师者，传道授业解惑也"的科学内涵，并能按照这句话的哲理去做，那么，教育将没有任何困难，国民道德素质也会大幅提升。

那么，"师者，传道授业解惑也"的科学内涵是什么？下面是我的定义和理解。

"师者"，在本书主要是指家长、教师、校长以及教育系统的领导者和管理者。

1. 传道

就好比打篮球过程中的"传球"，把自己手上的球传递给自己的队友，这个过程叫作传球。我对"传道"的定义是：家长和老师领悟了"命运共同体……"这种人道法则并能按照该法则做，然后通过家长和老师有意和无意地向学生传授"命运共同体……"这种人道法则，使学生真正成为有"命运共同体……"这种人道法则的思想意识、正确四观和健康人格的人的过程。

如果大多数学生都没有"命运共同体……"的意识和行动，没有形成正确的四观和健康的人格，那么，就说明家长和老师没有得道，没有得道，就没办法传道。就好比打篮球，球员手上没有球，就没有传球这一说。

具体来说，"传道"是指家长和老师已经领悟了人道法则之哲理并能按照这个法则，把自己的家庭、班级和学校看成与自己命运与共的一个整体，并持续地为家庭、班级和学校发展得更好而学习和实践，通过实践来提升自己的智慧和能力；把家庭、班级和学校中的人包括自己都看成命运共同体的一员，不埋怨指责或排斥嫌弃与自己同一团体中的任何一个人，并用自己的言行向学生传授自己领悟了的人道法则，直至学生理解其哲理，并按照这一人道哲理去做好自己在团体中应该做的事，并感受到在学习和生活过程中的成长快乐，这个过程，叫作传道。

2. 授业

授业是指老师教授给学生与其年龄阶段相适应的学科系统知识和规律。比如，小学到高中教授语文、数学等基础知识；大学教授专业学科知识，比如做医生、做警察的专业的系统理论和方法，以及为什么要学，学了有什么用和如何学等内容。

3. 解惑

解惑，是指老师化解学生与其同学、老师或父母相处过程中产生的困惑和在学科学习方面存在的困惑，以及关于就业、恋爱等人生的困惑。用一句话来说就是，老师要帮助学生化解他们在老师任教阶段遇到的有关生活和学习上的困惑，使学生顺利度过该阶段并获得成长的快乐。

如果用一句话来理解"师者，传道授业解惑也"这句话的意思就是，教育者的职责是领悟"命运共同体……"这种人道法则的内涵，并将之以身作则地传授给学生，全心全意地聚焦于帮助学生成为自尊水平高、人格健康、四观正、学科技术精通的人。

第二节　良好的家庭教育的科学定义及衡量标准

《中华人民共和国家庭教育促进法》对家庭教育的定义是指，父母或者其他监护人为促进未成年人全面健康成长，对其实施的道德品质、身体素质、生活技能、文化修养、行为习惯等方面的培育、引导和影响。

根据此，本书对良好家庭教育的定义是：人格健康、四观正的家长以及与孩子接触密切的家庭成员的一言一行和温暖有爱的家庭文化氛围对孩子施加的良好的有意识和无意识的影响。

具体来说，良好的家庭教育是指：

第一，有人格健康、四观正的家长，或与孩子密切接触的家庭成员有健康的人格和正确的四观，情绪平和有爱，了解孩子的生理和心理发展规律，能关心、理解、包容、接纳和尊重孩子，及时回应孩子的内心诉求，而且孩子也能感受到被关心、被理解、被尊重、被重视、自由和有价值。

第二，家庭成员都清楚自己在家庭中的角色定位，而且人人理解并认同自己在家庭中的定位及责任义务，并自律地各尽其责。

第三，家庭中有一套人人都乐意遵守并在遵守的过程中能感受到相互被关心、被理解、被尊重、自由和有价值感等的家庭幸福文化规则。

第四，遇到问题时大家一起面对，共同探讨问题成因和解决的方法，不会相互指责埋怨。

第五，家长能尊敬父母长辈，有良师益友，人际关系好。

第六，家长把培养孩子看成为国家培养人格健康、四观正的有用人才，而不是为自己传宗接代或为自己的面子贴金。当然，如果孩子被培养成为对他人、社会和国家发展得更好而有用的人，那么自然也是为父母、家庭、家族带来荣耀，给父母脸上贴金了。

第七，家长根据孩子的不同年龄阶段教给孩子生理、心理、礼仪、生活技能以及什么是正确的四观等常识。

其中，家长以及与孩子密切接触的家庭成员是否有健康的人格和正确的四观，是不是阳光快乐、人际关系好的人，以及家庭中是否有符合"命运共同体……"这种人道法则的、全家人都乐意遵守的家庭幸福文化规则，是良好的家庭教育的核心指标及衡量标准。

第三节　良好的中小学教育的科学定义
及衡量标准

中小学教育是针对 6~18 岁学生的教育，旨在帮助他们获得学科知识、养成正确的四观与健康的人格。

教育是一种影响，所以，良好的中小学教育的定义是：人格健康、四观正的班主任以及教师群体、团结友爱的班级幸福文化氛围对学生施加的符合"命运与共体……"这种人道法则的有意识和无意识的影响。

具体来说，良好的中小学教育是指：

第一，有人格健康、四观正、情商高、懂教育规律的校长。

校长了解个人幸福、团体幸福的规律以及健康人格、正确四观形成的规律，有全心全意为本校教师和学生服务的意识，能启发教师和学生的主观能动性，和教师与学生共同建设良好的校园文化氛围，能主动走入教师和学生的内心，倾听他们的心声，不断完善学校的管理制度。

第二，大多数教师人格健康、四观正、情商高、专业能力强，能把学科知识讲得通俗易懂、有趣、有系统，能启发、引导学生自律学习掌握学科知识，能够一视同仁地看待每一个学生，对差生不排斥或歧视，而是想方设法找到差生身上的优点来帮助学生树立自信心。

第三，班级里有一套人人乐意遵守并在遵守的过程中能感受到被关心、被理解、被尊重、自由和有价值的班级幸福文化规范，同学关系和师生关系和谐，同学和老师都有"我是班级里的一员而自豪"的感觉，能够自发地维护班级荣誉，并感受到学习和交友过程中的成长式快乐。

第四，大多数同学都觉得在学校不仅学到了学科知识，还学到了正确的幸福观、价值观、学习观、恋爱观等关于做人的哲理，感受到了自我的成长，自信满满，对未来充满了希望。

第四节　家庭教育和学校教育的四大误区

家庭教育和学校教育共同存在的最大误区有下面四点：

第一，认为教育的对象只有孩子，而不包括家长、教师和校长自己。

有多少家长和教师能意识到自己需要学习？即便有些家长和教师也会参加一些关于教育的学习，但也大多聚焦在学习技巧和教育方法方面，而不是学习了解孩子健康人格和正确四观形成与教育的规律。但如果教育者自己都没有理解什么叫作健康的人格和正确的四观，或者教育者自己的人格都不健康，四观也欠正确，又如何能教育得出人格健康、四观正的孩子呢？

第二，以考试成绩论英雄。

不知从何时起，重视孩子的考试成绩，而不关注孩子的内心感受和想法，不重视孩子人格健康和正确四观的培养，已经成为一种普遍的现象。做人的品德和做事的才能就好比人的两条腿，只有两条腿都健康有力，才能行得稳走得远，这也是为什么我们的教育方针明确强调要"育人为本，德育为先"，要立德树人、培根铸魂的道理。

第三，家长和学校方面都忙于日常教育或灭火式防事故教育。

有不少家庭和学校并没有意识到要制定一套人性化的、充满生机的团体幸福文化规范，使人们能自律地各就各位、各尽其责，而是整日忙于事后灭火。其实只有先做好防御性工作，做到从心激发人的主观能动性，才能让学生产生自律意识，从而自觉地管理好自己。

第四，家庭和学校没有真正形成家、校合力教育的意识和行动。

对未成年人的教育来说，家长和教师就像一对"夫妻"，把孩子培养成为人格健康、四观正的人是"夫妻"共同的愿望，教师和家长理应共同面对教育的问题，一起探寻健康人格和正确四观形成的教育规律。但在现实中家庭教育和学校教育没有真正形成合力，比如，一些家长说，教育是学校的事，要不，我送孩子去学校干吗？一些老师说"5加2等于0"，这意思是说，周一到周五老师辛辛苦苦在学校教了学生5天，难以抵挡周末孩子在家被消极教育的2天。而5天的学校教育被周末2天的家庭教育抵消了，是否意味着5天的学校教育质量较差？

真正正确的教育是相辅相成、相互叠加而不会被相互抵消的，更不会在校5天抵不过周末2天。

另外，学校作为国家的教育系统单位，理应承担起对家长的教育任务，培养家长正确的教育观，并向家长普及孩子健康人格和正确四观形成的规律和常识，以及什么是真正的幸福、真正的爱等这些中华文化和心理学的核心常识，以综合提升家长的智慧与能力。

第五节　良好的家庭教育和学校教育的出路

通过前面良好家庭教育和学校教育的科学定义和衡量标准，你可能会产生畏难情绪，因为要做到那些很不容易，中间的很多事情都不是自己可以掌控的。但是如果不在自己所在的团体中做一些创新，一辈子就这么被消耗了，不仅仅是自己了无生机，还会累及后代子孙。这对家长、教师、中小学校长来说，也是一样的。

作为中小学校长、班主任，责任更大，因为关乎国家人才建设大业，关乎社会和谐稳定和国家安全，如果占着教育者的位置却没有尽到教育者的责任和义务，自己也难以安心。

根据我将近 20 年的学习和实践，得出良好的家庭教育和学校教育的出路是：

第一，必须把家长、教师、校长纳入德育的范畴，而不仅仅是孩子和学生需要德育，甚至要把德育的重点放在家长、教师、校长这些群体上。

第二，领导带头，全民普及本书所提出的中华传统文化和心理学关于个体幸福和团体幸福的法则，也是中华传统文化的核心观点"命运共同体……"的内涵，分组共读本书《幸福家风班风联合建设系统落地方案》中的家长师生共学内容《人生幸福必须具备的中华文化和心理学核心常识》。

第三，必须紧紧围绕提升学生的自尊水平、成就感和价值感，以及培养健康人格和正确四观这个核心来开展针对教育者和被教育者的一切教学活动，培根铸魂，而不只是关注分数。

第四，必须聚焦幸福家风和幸福班风联合建设。家长、师生共学共建共享建设成果，单单培训家长或教师或学生都不是最好的策略。就像高速路上开车，只有你自己遵守交通规则，别人不遵守，仍难保证你平安到达目的地。

第五，必须形成真正的家校合力教育的意识，并着力开展家校合力教育实践。我提出的《幸福家风班风联合建设系统落地方案》是比较好的家校合力教育的系统理论和方法，也是从根源上提升家长、教师自身的幸福和爱的智慧与能力的系统理论和方法，更是化解家庭教育和学校教育困难、培养健康人格与正确四观以及社会主义核心价值观的系统理论和方法。

本书之所以把家庭教育和学校教育、家长和教师的幸福感、幸福家风班风建设等内容放在一块儿讲，是因为家长、教师的四观和人格健康水平以及家风、班风，共同影响着孩子正确四观和健康人格的形成。

接下来的第二至第六章，我将以整体的、从根源上解决问题的视角，就家庭教育和学校教育的目的、问题现象、问题原因、解决之道、解决方案五个方面来陈述解决教育困难的科学策略。

这是一个通用的问题解决策略，你可以按照这五个步骤去思考想要解决的问题。

概括地说，本书是采用消防部门的工作布局方式来制定根治家庭教育和学校教育困难的系统策略的，共有五个环节：

第一，布设消防管道（分成若干个互助成长的共学小组）；

第二，宣传消防常识（共学本书通俗化了的人生幸福必须具备的中华传统文化和心理学核心常识）；

第三，落实到各单位及责任人（家长、班主任老师、校长为逐级责任人）；

第四，唤醒人们的消防意识（通过家长、师生分小组共学《人生幸福必须具备的中华文化和心理学核心常识》并相互反馈，来提升人们对人道法则和自己内心世界的认识，提升做好自己工作的意识和能力，以及提升自尊水平，从而形成正确的四观和健康的人格）；

第五，灭火（九家人一中组、三家人一小组，相互关怀，发现问题逐级上报，以及定期开展线上学习交流会来解决现实问题）。

这是一个从根上解决家庭教育困难和学校教育困难的系统策略，也是一个以文化制度管理人，从而提升人们的自尊水平，让人们形成健康人格、正确四观及自律学习、自律工作的综合解决问题的策略。

第二章　教育的目的

　　把孩子培养成为人格健康、四观正、自立自强、对国家建设有用的德才兼备的人才，是家长和教师的共同渴望，也是家庭教育和学校教育的共同目的。

第一节　家庭教育的目的

培养孩子健康的人格、正确的四观和命运共同体的意识

从心理学的角度来思考，人们做什么事或不做什么事，总是出于一些目的的，这些目的无非两个：要么是想要获得一些好处，要么是想要避免一些坏处。

那么，你为什么要生育孩子？你想要把孩子培养成为什么样的人？就是关于家庭教育目的的回答。

无论你是出于什么情况而生育了孩子，生了孩子之后，第一个需要思考清楚的问题就是：我想要把孩子培养成为什么样的人。有两种答案：

第一种是领悟了"命运共同体……"这种人道法则的内涵，能按照这个内涵去思考和行动，在人生的各个阶段都能感受到生活、学习和工作过程中的成长式快乐，自尊水平高、人格健康、四观正确且能自立自强。

第二种是没有领悟"命运共同体……"这种人道法则的内涵，

没能按照这个内涵去思考和行动，在人生的各个阶段都很少感受到生活、学习和工作过程中的成长式快乐，自尊水平较低、人格欠健康、四观欠正确且不能自立自强。

我猜想，无论是出于什么原因生了孩子，你都想要把孩子培养成为第一种人。培养出第一种人，也是本书定义的家庭教育的目的。

家长的主要责任和义务

家庭教育的目的是培养孩子的健康人格、正确四观和命运共同体意识，因此，家长在家庭教育中的主要责任和义务就是了解孩子生理和心理发展的规律，尽可能地满足孩子的生理和心理发展需要，使孩子成为自尊水平高、自信、人格健康、四观正的人。心理发展规律主要是指家长要掌握"命运共同体……"这种人道法则的内涵（也是个人幸福和团体幸福规律的内涵）、"人格发展八阶段理论"和关于自尊、幸福与爱的规律常识。

生育孩子的价值和意义

（1）从心理学的角度来说，一个人知道了自己做某件事的目的和责任、义务远远不够，还必须清晰地意识到做这件事的价值，这样才会有动力，也才能感受到做这件事情的过程中的成长式快乐，比如培养孩子这件事。

（2）于我而言，生育孩子的最大价值，是有了一个快速认识自己、提升自己的思想意识和境界格局的机会，因为，培养孩子的过程就是检测自己的人格健康程度、四观正确程度、思想品德成熟程度、幸福和爱的智慧与能力的过程，进而通过不断地解决在培养孩子过程中遇到的各种问题，让自己获得快速成长。

（3）无论你是否意识到，在孩子的成长过程中，你对待他的方式都真实地反映了你的内心世界，包括你的人格健康水平、四观状态、心智成熟程度、幸福和爱的智慧与能力等。

（4）有些人可能是把生育孩子当成"养儿防老"的工具，但如果家长没有健康的人格和正确的四观，养儿不仅防不了老，反而会让自己加速老去。有这种思想的家长更需要早点掌握本书所讲的核心观点。

第二节　中小学教育的目的

把学生培养成德智体美劳全面发展的人

国家对教育的要求就是中小学教育的目的。

国家教育方针明确指出：要优先发展教育，建设人力资源强国。教育是民族振兴的基石，要坚持育人为本、德育为先，要把立德树人作为教育的根本任务，强调把社会主义核心价值观体系融入教育的全过程，引导学生树立正确的世界观、人生观、价值观和幸福观，培养德智体美劳全面发展的社会主义事业建设者和接班人。

其中，德育是首位。德，是指把学生培养成为领悟"命运共同体……"这种人道法则的内涵，并能按照这个内涵去思考和行动，在人生的各个阶段都能感受到生活、学习和工作过程中的成长式快乐，并且自尊水平高、人格健康、四观正、有命运共同体意识、自立自强的人。

培养学生的理解能力和逻辑思维能力

学校不仅仅是教学生语文、数学等基础学科知识，更重要的是培养学生探索规律、掌握规律，从而提升其对事物的理解能力和逻辑思维能力。

中小学校长的主要责任和义务

中小学校长应该领悟"命运共同体……"这种人道法则的内涵，以及心理学的高自尊和自卑形成的规律与人格发展八阶段理论等常识，与德育和教育主任等学校领导成员一起，为全校教师和学生制定能持续提升教师教学动力和学生学习动力，并促使他们能自律、创新性地开展教和学活动的文化制度，并组织实施，为本校持续健康发展实践出科学系统、简单通俗、容易操作、容易执行、可量化的教师和学生综合素质不断获得提升的班级幸福文化规范及学校管理制度。

中小学班主任老师的责任和义务

中小学班主任应该领悟"命运共同体……"这种人道法则的内涵，以及心理学的高自尊和自卑形成的规律和人格发展八阶段理论等常识，与班干部和家长们以学校管理制度为依据，为本班学生制定出人人乐意遵守并在遵守的过程中感受到相互被关心、被理解、被尊重、被接纳、被包容、自由和有价值的美好感觉的班级文化制度，使每一个学生都感受到生活、学习和交友过程中的成长式快乐。

第三章　教育的问题

　　孩子的问题不是单方面原因造成的，本章将根据我在心理咨询服务工作中了解到的以及从一线班主任老师和校长的反馈中了解到的问题，就教育事业这个命运共同体上关联的家长、班主任、学生、校长的问题，来做一个归纳和总结。

第一节　学生的问题

来自学校老师的反馈

（1）说脏话。

（2）上课发言不积极，注意力不集中。

（3）说谎话：欺骗家长和老师，推卸责任。

（4）搞恶作剧、乱涂乱画、丢三落四、学习用品摆放杂乱。

（5）做事磨磨蹭蹭，主动性较差。

（6）迷恋手机、电子游戏、漫画书。

（7）缺少主人翁意识，缺乏活力，应付现象比较严重。

概括来讲，就是：

（1）学习方面——缺乏自信，与学习有关的事都不感兴趣，存在被动学习、上课易走神、偏科等现象。

（2）交往方面——孤僻、猜疑心重，不能融洽地与同学相处，被人误解后耿耿于怀。

（3）心理方面——遇事心神不宁、逃避、坐立不安，易发生过激行为。

在心理咨询室看到的现象

（1）学习动力不强。听课不够专心、做作业不够认真、上学习惯性迟到等。

（2）学习目的欠正确。有些同学学习动力很强，很刻苦地学习，但学习目的欠正确，比如，为了得到家长的礼物，或为了得第一名，或为了超越某一个同学等。不正确的学习目的很难形成持续的学习动力，从而影响孩子健康人格和正确四观的形成。

（3）沉迷游戏难以自拔。爱玩游戏，是孩子的天性，有不少家长为阻止孩子玩游戏绞尽脑汁，也有不少家长因为孩子沉迷游戏而伤透了心。我咨询过不少孩子，有些孩子说，玩游戏是为了打发时间，为了获得成就感、价值感。我发现，沉迷游戏的孩子，通常是在现实生活和学习中很少感受到被爱和价值感、成就感的孩子。所以，解决的办法，是如何为孩子创造像游戏一样好玩的学习方式，以及温暖有爱的家庭氛围和团结友爱的班级氛围，使孩子在家庭和学校里感受到被爱和价值感、成就感。

（4）自卑，欠缺自信。这是孩子所有问题的根源。要化解孩子教育的困难，必须聚焦到如何提升孩子的自尊、自信这个核心点上。

第二节　家长的问题

来自学校老师的反馈

（1）缺少科学方法，教育只是凭感情、经验。

（2）平时说教唠叨较多，易引发学生叛逆或自卑心理。

（3）溺爱孩子，对孩子包办妥协，不懂得放手。

（4）缺少配合，不信任老师。

（5）隔代养育，做不到陪伴。

（6）不能把孩子摆在恰当的位置。

　　不少家长把孩子当作家中的"小皇帝"，一切围着孩子转。这样疼爱孩子，使孩子滋生了"一切以我为中心，唯我独尊"的思想。父母稍微有点不顺孩子的意，孩子就难以接受，出现了所谓的"玻璃心"。一些从小生活在单亲家庭的孩子，因家庭气氛紧张，长期处于恐惧、提心吊胆、担惊受怕的情绪中，根本得不到应有的家庭教育和照顾，直接影响孩子身心和谐发展。

在心理咨询室的发现

（1）过度关注孩子的作业和考试成绩，而忽略了对孩子健康人格的培养。

（2）过度焦虑，对孩子欠缺耐心。

（3）过度溺爱，包办替代，使得孩子欠缺自己做主的成长体验。

（4）不懂孩子的内心感受。比如，考试成绩不理想，最难过的是孩子，但家长在听到孩子的成绩不如意时第一反应是训斥，这相当于在孩子的伤口上撒了一把盐。

（5）对什么是真正的幸福和爱欠缺正确的认知。

（6）教育方式粗暴，家庭教育欠缺人性化和弹性。

（7）一些家长怕孩子输在起跑线上，过早地给孩子灌输知识，使孩子产生厌学情绪。

（8）家长在孩子面前说老师不像老师，而不是启发孩子看到老师的初心，并引导孩子回到"学生"的角色，学会做人和学习这一点上。动不动就状告老师，也是一些家长的问题。

（9）把夫妻矛盾转嫁到孩子身上，增加孩子的心理负担。

（10）不懂得如何与孩子沟通，又不愿意去学习。有一个初一的孩子说："我在家里的负面情绪 70% 来自妈妈。"妈妈听到之后说："那好吧，我以后不说话了，我惹不起，我躲得起。"

第三节　中小学教师的问题

来自某学校校长的反映

（1）教学中总有几个学生上课不遵守纪律，如上课乱跑或说不干不净的话，就将学生叫到前面批评，并大声训斥或用戒尺打手。

（2）对个别有不良行为的学生，教育效果不好时，就置之不理，干脆放弃。

（3）当学生存在不良行为时，罚作业现象严重，如抄课文、反复写词语或抄写卷子等。

（4）语言暴力。有些老师骂学生的话，很难听。

（5）打学生。有些老师应对方式粗暴，控制不了自己的情绪时会体罚学生。

（6）作业布置机械，重复偏多。

（7）课堂掌控能力差。教师掌握的教学理论基础知识比较薄弱，教学过程中缺乏教学技能和相关的教学技巧。教师不能把现代教学理念内化，并表现为外化的教学行为。

（8）教学检查频繁以及教学以外的事情占用精力较多，教师疲于应对，没心思深入研究课堂。

（9）部分教师存在"躺平"现象，缺乏竞争意识。

（10）存在'佛系"教师。教育教学不愿管、不想管、不敢管。

心理咨询室里学生和家长的反映

（1）有些教师脾气急躁，动不动就训斥学生。

（2）授课枯燥，照本宣科。

（3）动不动就向家长投诉学生的不良行为，而不是包容、理解并引导启发学生做好。

（4）对表现不良的学生采用惩罚式教育，而不是启发引导式教育。

（5）没能成为学生心中乐意尊敬的教师，有个别班主任还会向学生明示向家长要好处。

第四节　中小学校长面临的困境及亟待解决的问题

为了更好地了解中小学校长面临的困境，我与几位中小学校长进行了深入的交谈。下面是其中一名小学校长写给我的小学校长面临的困难，我转发给其他小学校长看过，他们反馈这位小学校长反映的情况比较符合现实，而且全面。

将原文贴在这里，希望家长了解学校校长也有他们的困难。

在学校日常运行、教学各项活动开展过程中，校长的管理直接关系到学校的综合发展和进步，关系着学校各领域、各部门的协调运转。而如今，因种种原因，校长面临着种种困境，制约了学校的正常运作和长足发展，主要体现在以下几点：

师资问题

（1）学科专业教师配备不足，甚至没有。在学科专业结构方面，多数农村小学缺少音乐、体育、美术、计算机与英语专业教师，不能保证这些课程的正常开设，只能安排语文、数学教师兼任。这样一来，要上好这些课程，不大现实。很多功能室形同虚设，造成校长在课程管理这一块"无米下锅"。

（2）教师整体年龄结构不合理。老、弱教师占比重大，不利于学校工作的开展，往往束缚了校长的手脚。

（3）教师配备不足。这是一个长期的问题，也是一个亟待解决的问题，不少小学校长除了要处理纷繁复杂的工作，还要负责不少上课任务，往往顾此失彼。

（4）有些教师工作能力有限，综合素质不高，又不善于钻研，对于学校安排的培训任务也不乐于接受，教学质量差，校长对此也无能为力。

（5）一些教师认为，校长无人事权、无财务权，无视校长的存在，对于工作的布置安排不屑一顾，不服从领导，导致工作不能如期推进。

生源问题

在把城里的名校做强做大的教育理念的影响下，农村中小学的教育环境越来越恶化：一是生源质量逐年下降；二是生源日渐减少。

近年来，农民的收入增加，城乡互动增多，农村家长视野变宽，他们意识到城市小学与农村小学的差异，为了能让孩子接受更好的教育，一部分有一定经济基础的农村家长宁可舍近求远，安排子女转学到城市小学就读，使得农村掀起了一股小学生"进城热"，造成农村生源的流失。

另外，无论城市还是农村，出生率都大幅锐减，造成生源短缺的同时，学校的资源也形成了浪费。农村学校尤其是一些薄弱村小，逐渐呈现出一种衰退的趋势，势必打击校长办学的自信，易使之产生得过且过的心理。

班子问题

（1）农村学校校长和中层干部之间出现意见分歧，特别是当遇到一些涉及自身利益的问题时，会引发比较尖锐的矛盾冲突。领导班子不能形成合力推动学校的发展，校长往往是单枪匹马、孤军奋战，难以把学校做强做大。

（2）干部与教师之间的凝聚力不够。有的还处于对立的状态。

（3）一些中层为避免产生矛盾选择不作为，不能发挥其部门领导作用，工作分配不下去，这样无形中加大了校长的工作量，增加了其工作压力。

压力问题

（1）安全工作压力。安全责任重于泰山，安全问题成为压在校长头上的一座大山，已经到了比教学还重要的程度，天天讲、日日查，校长成天提心吊胆、如履薄冰。

（2）各级部门不公正地把一些非教学工作强加到学校头上，并且这些工作复杂繁多。校长、教师只能忍气吞声。这些非教学工作，大大削弱了校长的管理职能，分散了教师的教学精力。

（3）各种临时性事务带来的压力，如填写各种表格、使用各类App、参加各种培训、做各种台账、应付各类检查以及参加各种评比等临时性的社会事务，给校长带来不小的压力。这些事务中，有的和学校的教育教学相关度不大，有的甚至几乎没有相关性。

校长自身问题

（1）校长自身协调能力、专业能力、人格魅力不够，难以服众，难以担起一校之长的责任。

（2）校长兼多重角色于一身，处于高度的紧张状态。面对繁重的日常工作，如果没有妥善协调好，就难免出现身体、心理上的透支现象。事业心强的校长多数处于"亚健康状态"，使其工作往往顾此失彼、应亡不来，久而久之产生职业倦怠，进而阻滞学校的发展。

（3）校长的位置十分敏感，来自上、下、左、右、前、后的微妙复杂的人际关系难以协调。一些校长抱怨，自己为学校的发展做出了实实在在的贡献，不仅未能获得上级、社会、师生与家长"善意的理解"，反而被曲解与指责，甚至被投诉。种种因素的制约与不被理解，消磨了校长的雄心，使其无奈选择"躺平"。

农村小学校长所面临的现实问题和无奈，不止上述几个方面，望相关领导部门在了解其现状的基础上，因地制宜加以解决，推动农村教育工作的顺利进行。

第四章　教育问题的成因

　　教育困难或问题的原因是多方面的，而且是相互影响的，下面我就家长、班主任、学生、校长的表面原因和深层原因做个简单陈述。

第一节　教育问题的表面原因

学生问题的成因

1. 学生不知道为什么要学习，主要是学什么

"老师，我为什么要学习？"这是从教书到"带货"主播身份转变后的董宇辉老师参加央视《开讲啦》说的话。他说：我当了很多年老师，一直教高三，你知道高三学生问过最多的问题是什么吗？不是问怎么学，而是问"老师，我为什么要学习？"人做事从来都是信念问题而不是方法问题，有志者事竟成。

也许有些人说，知道啊，是为了考上大学，为了有更多的选择，为了有好的工作等，但这些目的难产生持续的学习动力：一是对于小学生来说，"考上大学"是很久以后的事情，"好工作"是更远的事情，而且孩子们还可能会看到他的亲戚中有考上大学但境况并不如意的人，毕业后工作也不怎么样。

可以想象，如果你不知道为什么要干这活，那么你会产生干这活的动力吗？你不知道为什么要干，而你又必须去干甚至是被逼着去干，时间一长就可能会焦虑、烦躁、抑郁，感觉自己的存在没有

价值和意义。

2. 自信心不足

自信心不足，是不少孩子存在的心理问题，也是孩子听课不认真、做作业不主动，甚至是厌学、沉迷网络游戏等问题的深层原因。

孩子自信心不足，通常源于家庭教育方法僵化，父母情绪急躁或冷漠、欠缺耐心和真正能温暖孩子心灵的爱，所以，对于未成年孩子来说，有一对幸福快乐的父母是一件多么重要的事情，能够让孩子感受到足够的被爱和价值感，能够培养孩子的自信心，这也是父母在孩子早期最应该有的意识和责任。

孩子不够自信，部分原因也来自幼儿园和小学阶段班主任老师的影响，有些班主任的不当态度和言语也是孩子欠缺自信的重要原因。

家长问题的成因

1. 不知道为什么教，主要教给孩子什么

孩子不知道为什么学，主要学什么，在很大程度上是因为"家长不知道为什么教，主要教给孩子什么"。

孩子的人生是一条河流，家长是离孩子最近的河段，是孩子这条河流的上游，是决定孩子这条河流是否清晰的第一个主要原因。

上游不够清澈，下游浑浊，就是正常的事。

2. 知道为什么教，但欠缺系统的理论和方法

有些清醒的家长意识到要教给孩子做人的道理，要培养孩子良好的品德和健康的人格，但欠缺系统的理论和方法。虽然有些家长也看了很多教育孩子方面的书，或参加了很多教育孩子方面的课程，但由于欠缺科学系统又简单通俗的理论和方法，终究难见好成效。

3. 爱的智慧和能力不足，但没有意识到要去学习幸福和爱的规律

家长在教育孩子上遇到的困难，都可以归结为家长爱的智慧和能力不足。"爱，是一切问题的解决方案。"但有多少家长能真正理解爱的内涵？有多少家长能意识到自己需要去学习关于幸福和爱的规律常识？有不少的家长去学习，也只是想要学习教育孩子的技巧，而不是系统地了解把孩子培养成为人格健康、四观正、自立自强的人的系统理论和方法。

说一下让我印象非常深刻的一次经历。在一次家庭教育公益体验课上，有位家长说：我也知道对孩子要有耐心，但是我做不到。我回应道：那你想要知道为什么做不到吗？你想要知道如何才能做得到吗？如果你碰到难题不去了解规律并解决，却又希望孩子要克服困难、自立自强，这不合理啊！

4. 人格欠健康、四观欠正确

家长通常不会认为自己的人格欠健康、四观欠正确。在我看

来，成年人若还有比较多的负面情绪，很少感受到生活和工作过程中的成长式快乐，情绪比较急躁，对待父母是埋怨指责的态度，在伴侣关系和亲子关系中常常处在指责抱怨或压抑无奈的状态，就已经是人格欠健康、四观欠正确的状态了。

《我们时代的病态人格》的作者、心理学家卡伦·霍妮通过大量神经症患者童年时代的经历分析得出的结论是：神经症患者最基本的一个共同点就是童年缺少温暖和爱。很多时候，因为父母本身就患有神经症，不能给予孩子充分的温暖和爱，所以，孩子才有一种缺少爱和温暖的感觉①。这句话反过来理解：父母不能给予孩子足够的温暖和爱，会在一定程度上反映出父母的人格欠健康了。

5. 自卑

自卑，是不少家长的内心现状。由于自卑，所以，总想让孩子有出息，从而过度严格管理孩子，使孩子产生反叛心理，使孩子的自尊心长期受到伤害而形成自卑心理。正确的思路是：家长自卑，首先要去学习如何化解自己的自卑心理，提升自己的自尊水平。家长的自卑心理不化解，想要教育好自己的孩子，很难。

---

① ［美］卡伦·霍妮著.我们时代的病态人格［M］.刘丽译，北京：台海出版社 2016，第 066 页。

中小学老师问题的成因

中小学老师问题的成因，与家长问题的成因类同：

1. 不知道为什么教，主要教给学生什么

有不少老师认为把自己所掌握的学科知识传授给学生就是在教学生了。其实不然，"师者，所以传道授业解惑也"，是说教学生，不仅要教授学生学科知识，还要传授其做人的道理，而且后者是第一位的。

虽然"育人为本，德育为先"这简简单单的八个字就已经把"为什么要教、教什么和为什么要学、学什么"这两个问题都说得很清楚了，但真正能意识到并做到的老师并不多。

2. 知道为什么教，但欠缺系统的理论和方法

有不少老师也知道要把学生培养成人格健康、四观正、有良好品德的学生，甚至有不少老师还自费去学习心理学或中华传统文化课程，但由于欠缺科学系统又简单通俗的理论和方法，终究难见好成效。

3. 爱的智慧和能力不足

大多数老师内心里也像家长一样爱自己的学生，希望自己的学生能健康快乐地成长为对国家有用的人才，虽然付出了较多，但

由于爱的智慧和能力不足，当遇到学生违反纪律或不交作业等情况时，往往不能从爱的意念出发耐心地启发和引导学生，而是做出焦虑的自动反应：指责、批评或打电话叫家长到学校。

结果，学生在老师面前被批，接着在父母面前又被批，这样的体验一多，孩子就可能厌学。

对老师来说，爱的智慧和能力不足除了体现在不够有耐心、不够有智慧应对学生的问题之外，还体现在授课形式欠缺生动有趣等方面。

4. 非教学任务过多

人的精力是有限的，非教学任务过多，会占用老师用来研究教学规律的时间和精力，进而导致一些老师教学情绪或身体健康欠佳，出现难以胜任教学工作的情况等。

5. 人格欠健康、四观欠正确

一些老师也像一些家长一样，不太能意识到自己的人格欠健康、四观欠正确、自尊水平不足，导致其不仅不能创新性地建设自己班级的幸福文化管理规范，遇到学生不交作业、不认真听课等问题时也不能带着爱意来启发和引导学生，而是指责、批评，或说狠话来羞辱学生。

6. 没意识到自己需要学习做人的道理

有多少老师会认为自己需要学习做人的道理？有的校长告诉我，校长难当的原因不是老师素质水平低，而是老师难觉醒，难意识到自己需要学习为人之道、为师之道、幸福和爱的规律法则、人道法则等这些常识。

7. 自卑

实际上，一些老师也像不少家长那样，还没有化解自己因童年未感受到被爱和价值感而形成的自卑感，内心有过多的焦虑。当遇到学生不遵守纪律或不认真听课、不做作业等这些不良行为时，欠缺有智慧的应对办法，往往采用惩罚、当众批评等这些有损学生自尊的方式来处理，导致学生更加难以管理，甚至造成学生厌学。

中小学校长问题的成因

1. 有些校长对"育人为本，德育为先"的内涵没有理解透彻，又没有深入研究。

2. 有些校长自身领导能力不足，创新能力不够，僵化地上传下达，无法激发本校大多教师的教学热情，不能为本校教师制定出能促进其幸福和爱的能力以及课堂教学艺术不断提升的教师成长制度。

3. 有些校长自身也欠缺自我教育意识，忙于应付上级检查，对"师者，所以传道授业解惑也"中的"道"的内涵欠缺正确的理解，自己也没有去深入研究。

4. 教师队伍整体自尊水平不足、人格欠健康、四观欠正确，导致校长难调动教师队伍的教学热情。

第二节　教育问题的深层原因

教育问题的表面现象很多，表面原因也不少，但就整个教育系统来说，深层的原因主要有下面四个。

人文文化教育缺失，巧妇难为无米之炊

1.缺德育方面的系统理论和方法

家长和教师没有系统地认识"育人为本，德育为先"的科学内涵，比如，怎么样才算是有德的人？如何才能成为一个真正的人？如何才能成为有德的人？什么是真正的幸福？什么是真正的爱？都说三观重要，如何才能成为三观正的人？等等，关于这些系统的常识，从小学到大学，根本没有一门系统的课程。

然而，虽然家长和教师没有学到过"育人为本，德育为先"的系统知识，但社会的常态化机制将传授给孩子这些系统常识的任务又顺其自然地加在了家长和教师的身上，这就好比一个人手上没篮球却要去传球，不仅缺乏道理，更缺乏现实的基础。

同时，家长和教师没有系统地了解什么是正确的世界观、人生观、价值观和幸福观，又要家长和教师培养孩子正确的世界观、人

生观、价值观和幸福观。

家长、教师、校长等心中没有关于"育人为本，德育为先"的系统理论和方法，却又希望将"育人为本，德育为先"作为教育的根本任务，如此就引发了"巧妇难为无米之炊"的无奈。

大多数人自尊水平不足，限制了认知

也许，你不认为自尊水平不足（自卑），但若你对待父母的态度未能发自内心地感恩父母的养育之恩，以及你很少感受到生活和工作过程中的成长式快乐，那么你就属于本书所定义的自尊水平不足者了。

自尊水平是自我意识的决定因素，自我意识是四观的决定因素，四观是人格的决定因素，也是中华传统文化中所讲的"德"的决定因素。一个自我意识不良的人，如自我厌恨，那么这个人对家人、对他人、对社会和国家也欠缺爱的热情及爱的智慧和能力。

一个人的自尊水平越高、情绪越平和，就越有智慧，越有创新能力，越自我开放，也越有命运共同体意识；反之，一个人的自尊水平越低，其情绪就越麻木或越焦虑急躁，越欠缺耐心，越以自我为中心，越自我封闭，天赋和潜能也越难发挥出来。

低自尊者最大的特点是：内心过度焦虑，以自我防御为动机，看不到整体，日常就像被追赶的人，忙着逃避危险，旁边有再美的花朵都看不见，不敢尝试、害怕失败，甚至歪曲对人、事、物的认知，不爱探寻规律，由此限制了自己心智的成长。

低自尊者最大的认知不足是对"命运共同体……"这种人道法则的认知不足，对正确四观的认知不足，对幸福和爱的规律认知不足，对孩子的生理和心理发展规律的认知不足，对自己认知不足，而又没有意识到要去学习和了解这些方面的常识，致使其整体的认知存在巨大缺陷，整个人都处在蒙昧无知的状态。

心理学家、社会学家、哲学家、精神分析学家艾里希·弗洛姆用《爱的艺术》这一整本书来说明一个共通的人性问题：如果不尽自己最大的能动性去发展自己的整个人格，并以此达到一种创新性倾向，那么，所有爱的努力都注定要失败。①

自尊水平不足是个体人格欠健康的核心因素，是所有问题的核心原因，提升自尊水平就能化解人生诸多问题并充分发挥个人的潜能。这是本书的核心观点，而本书也是按照这个核心观点来设计从根源上解决家庭教育和学校教育问题的系统方案的。

没有能提升自尊水平的团体文化规范

团体，这里主要是指家庭团体和班级团体，每个团队都有管理

---

① 〔美〕艾里希·弗洛姆著.爱的艺术［M］.赵正国译，北京：国际文化出版公司，2004，P. 前言。

规则，你的家庭规则是什么（家规）？学校班级的管理规则是什么（班规）？

没有能提升自尊水平的家庭幸福文化规范和班级幸福文化规范，是一个相对普遍的社会现象，也是家庭教育和学校教育困难的核心原因之一。

有一个重点初中的同学说，他们有一条班级管理规则是：A 同学若发现 B 同学有违反纪律的行为，报告给班主任，A 同学可获得品德加分；一位读大学四年级的学生说，他们学校也有这一条规则。

为什么不是"A 同学若发现 B 同学有良好的行为，报告给班主任，A 同学可获得品德加分"呢？

为家庭和班级制定一套人人乐意遵守并在遵守的过程中相互感受到被关心、被理解、被尊重、自由和价值感的团体幸福文化规范，是化解家庭教育和学校教育困难，并提升家长、师生自尊水平，形成健康人格和正确四观的关键。

领导者人格欠健康、四观欠正确

团体领导者，在本书中是指包括家长、班主任、学校领导在内的人，家长是家庭团体的领导者，班主任是班级团体的领导者，校长是学校团体的领导者。

孔子说"为政以德"，这句话的意思是说，要做好一个领导者，或管理好一个孩子或一个团队，重点是领导者自身的品德以及是否注重团体成员的德的培养；如果领导者自身的德都不正，想要领导他人就很难，想要培养团体成员的德，就更难。

领导者的品德、专业能力、幸福和爱的能力是团队凝聚力的关键，只有品德正、专业能力强、幸福与爱的智慧和能力也强的领导者，才能让团体成员对其产生信任和敬意。

纵观社会以及教育系统的一些培训，大多是培训如何管理他人、如何教育他人，而不是如何提升管理者自身的素养、提升管理者自己的自尊水平，以及如何促进管理者正确四观和健康人格的养成，这是一个方向性、核心性的失误。

在当今越来越"内卷"的教育环境中，家长、教师、学校领导的品德、专业能力、幸福和爱的能力等素质越来越具有重要意义，但有多少家长、教师、学校领导敢说自己已经拥有健康的人格和正确的四观了呢？

就像是一个人其实已经患癌症了，但他没有意识到，没有及时医治，发展下去就是晚期。人的思想也是一样，没有意识到自己的人格欠健康、四观欠正确，就不会及时去学习提升，发展下去就是白干活或结恶果，比如，离婚、孩子厌学、身体健康出现问题、事业发展受阻、工作处处碰壁等。

所以，关于教育的问题，我们最需要重视的是家长、教师和学校领导的教育培养，让大多数家长、教师和学校领导真正领悟"命运共同体……"这种人道法则和个人幸福、团体幸福的的内涵，以及人格心理学中关于高自尊和自卑形成的规律等这些常识，从而提升教育者自己的人格健康水平和四观正确的程度。

然而，我们在这一点上欠缺意识，花太多时间和精力去教育孩子，而没有意识到要教育自身，这是一个非常难突破又非常有价值的点。我在近20年的心理服务工作中发现，家长一旦有了这个意识之后，就没有大的问题了；教师和学校领导也是一样。

第五章 教育问题的解决之道

"道"是指事物发生发展的天然规律法则，在本书中是指教育成功的天然规律法则，是指培养健康人格和正确四观的厚德人才的系统理论和方法。本章具体指出了解决家庭教育和中小学教育问题的方法路径，即在家长、教师和学生群体中普及中华文化和心理学关于个人幸福与团体幸福的规律常识，并以提升家长、教师和学生的自尊水平、形成正确四观和健康人格为核心去开展教和学的一切活动。

第一节　加强家长、教师、校长人道规律常识的系统学习培训

家长、教师、中小学校长等都是教育者，学生是被教育者，在家长、教师、校长群体中开展人道规律、幸福和爱的规律常识的系统培训，是化解教育困难必不可少的意识和行动。

如何培训？培训什么内容？本书所讲的培训，不是指集中培训几天或一个学期进行一两次讲座等这种形式，因为这种形式很难从根源上解决教育问题，本书所讲的系统学习培训是指"同级别分小组通读本书，并聚焦自己的家庭幸福文化建设和工作团体的幸福文化建设，使本团体成员做人的德和做事的能力不断获得提升，每个人都把本书的理念融入到自己的生活和工作中"。

第二节　给全体成员普及正确的幸福观、价值观、教育观和学习观

校长领导的"全体成员"是指包括校长在内的本校全部教师和员工；小学班主任领导的"全体成员"是指包括班里的全部学生、

学生的家长和班主任老师在内的全部成员；家长领导的"全体成员"是指包括家长在内的同住一个屋檐下的人，有些家庭是与爷爷奶奶或外公外婆同住的。

没有普及正确的幸福观、价值观、教育观和学习观是家庭教育、学校教育出现困难和问题的重要因素，只有普及并形成正确的幸福观、价值观、教育观和学习观，才能真正化解家庭教育和学校教育问题，以减少社会恶性事件，促进社会和谐。

第三节　以提升自尊水平、形成正确四观作为教和学的目标及衡量标准

素质教育是遵循人的心理发展规律的教育，是发挥人的主观能动性的教育，是让高分自然获得的教育。一句话来说，素质教育是除了要向孩子传授个人幸福和团体幸福的规律常识之外，还要让孩子获得足够多的关心、理解、尊重、重视、自由和价值感，从而使孩子能够形成高自尊、健康强大的人格和正确四观的教育。

真正按照健康人格和正确四观形成的条件来培养教育孩子，孩子自然会养成自律的习惯，并享受到学习和交友过程中的成长式快乐，这样成绩的提升就水到渠成了。

第四节　建设能提升自尊水平的团体幸福文化规范

低自尊是人生各种烦恼问题的主要原因，也是一个普遍现象，因此提升自尊水平不是一件容易的事。你可能见过这样一种现象：有一些自费去学习《道德经》《王阳明心学》等中华传统文化或心理学的人，虽然学了十多年，但其情绪、品德没有什么大的变化，仍然是性情急躁、急功近利、缺少耐心。究其原因，就是其在早期的成长过程中因自尊水平不足而形成了"我不够好"等消极的自我观念和欠正确的四观。

一个高效的提升家长、师生和校长群体的自尊水平的办法是建设团体幸福文化规范，即幸福家风班风联合建设。这是一个从根源上解决家长、师生、校长的自尊水平和德、才提升困难的系统方法，也是把教育真正引领到"育人为本、德育为先"的轨道上的系统方法，更是培养人格健康、四观正、对国家建设有用的厚德人才的系统方法。

第五节　按照幸福家风班风联合建设方案
实践至少一年时间

　　《幸福家风班风联合建设系统落地方案》是综合解决家庭教育和中小学教育中每一个人问题的系统办法，但需要真正去实践才行。对于中小学班主任来说，如果你的校长没有这个意识，你可以在自己的班里组织愿意参加实践的学生和家长实践；对于家长来说，如果你的孩子所在的班级没有这个意识，那么你也可以找到自己孩子的同班同学及其家长，3~9 家人组成一个小组来实践。

第六章 系统落地方案：幸福家风班风联合建设

　　通过幸福家风班风联合建设来化解家庭教育和中小学教育困难，并实现培养人格健康、四观正的厚德人才这个教育目标是本书的核心观点，本章将系统陈述幸福家风班风联合建设的目的、意义、理论依据和具体的操作方法。

　　这是目前我发现的最实用、最高效地解决问题的系统方案，该方案不仅可以从根源上化解家长、师生和校长的压力与困难，还能让家长、师生和校长真正体验到教和学的乐趣，体验到发自内心的价值感、成就感和幸福感。

第一节　幸福家风班风联合建设的目的和意义

对于家长、教师、校长等这些有育人责任和义务的角色来说，开展幸福家风班风联合建设，一是为了从根源上化解中小学教育困难，减轻家长、教师、校长的压力，提升他们的幸福感、价值感、成就感以及教和学的智慧与能力，从而把孩子培养成为人格健康、四观正、对国家建设有用的厚德人才；二是为了验证快速提升中小学家长、师生德才的实用的系统理论和方法。

对国家来说，开展幸福家风班风联合建设，是落实我国"育人为本、德育为先"的立德树人教育战略，以及落实习近平总书记在会见第四届全国文明城市、文明村镇、文明单位和未成年人思想道德建设工作先进代表时的讲话中谈到的"大力加强社会公德、职业道德、家庭美德、个人品德建设，营造全社会崇德向善的浓厚氛围；大力弘扬中华民族优秀传统文化，大力加强党风政风、社风家风建设"的指示精神。

对于我来说，开展幸福家风班风联合建设，是希望通过幸福家风班风联合建设的实践，让更多的人意识到幸福家风班风联合建设是化解教育问题的科学、实用的系统方法，也是提升国民人文道德素养、进行团体凝聚力文化建设、形成命运共同体意识和社会主义核心价值观、修身悟道的通用办法。

第二节　幸福家风班风联合建设的价值

幸福家风班风联合建设的价值体现在：

能从根源上化解家庭教育和中小学教育的困难；

能提升家长与师生的幸福感、成就感和价值感；

能促进幸福家风、幸福班风和良好社会风气的形成；

能促进家庭和谐、校园和谐和社会和谐；

能促进命运共同体意识和社会主义核心价值观的形成；

能提升国民人文道德素养，减少社会恶性事件的发生；

能提升国民身心健康程度，为健康中国出力；

能使中华传统文化得到更好的传承和发扬；

能增强国民的文化自信和爱国意识；

能提升国民的守正创新能力，彰显中国精神。

幸福家风班风联合建设系统落地方案的价值不止上述这些，需要真正实践才能获得和领悟其价值。

第三节　方案设计的机理

第一，通过家长、教师和学生组成的 9 家人共读《人生幸福必须具备的中华传统文化和心理学核心常识》，能够弥补家长对真正的幸福、爱、正确四观和健康人格的内涵的认知欠缺。

第二，分组朗读本方案规定的共学内容《人生幸福必须具备的中华传统文化和心理学核心常识》并进行录音和分享。在互相反馈的过程中，家长、师生产生被倾听、被关注、被欣赏、被真诚对待和有价值的美好感觉，能够弥补这些美好感觉的欠缺，从而提升家长及师生的自信心和自尊感。

第三，《共建家庭幸福心文明》和《共建班级幸福心文明》文化墙的应用，能够进一步增强家长、教师和学生内心被关注、被欣赏、被肯定和有价值的美好感觉，进一步提升他们的自尊自信水平，并把大家的注意力拉回到发现优点、发现美好这个促进团结的轨道上来，从而促进家庭和谐友爱和班级的团结友爱。

第四，周六晚上一个小时的线上家庭幸福研讨会，共同探讨在幸福家风和幸福班风建设过程中的困难以及家长、师生的日常困难，使家长、教师和学生的困难有可以咨询的地方；而且，通过这样一对多的答疑，让其他家长、教师和学生的问题，也能被解决。

第五，开展幸福家风班风联合建设能够提升家校合力教育的质量。

一是因为家庭氛围和中小学校班级氛围共同构成了孩子成长的土壤，整块土壤的营养充足，孩子才能获得更好的成长。幸福家风和幸福班风建设的理论和方法是相通的，两者的联合建设能更好更快地化解家庭教育和中小学教育的困难。

二是搭建了家长和教师之间心灵的桥梁。家长和教师都对教育成功的内涵、人格健康和正确四观、幸福和爱等重要观点形成了统一认识，从而增强了家长和教师之间的相互了解，减少了冲突，增加了家长和教师合力教育的智慧、信心和力量。

三是提升了家长与孩子、教师与学生、同学与同学之间的关系质量。

四是家长、师生的自尊水平同时得到提升，增强了家长、教师和学生对教与学的正确认知。同时，也使得家长与老师之间、家长与孩子之间、老师与学生之间、同学与同学之间的沟通更顺畅，关系更亲密；家庭教育与学校教育之间的衔接更紧密；孩子的成长更全面，更有保障。

第四节　方案设计的理论依据

开展幸福家风班风联合建设的理论依据是：中华传统文化和心理学中关于个人幸福和团体幸福的规律法则，是整体幸福教养的系统理论。

具体来说：

一是国家的教育方针要求立德树人，以"育人为本，德育为先"。

二是中小学阶段的教师、学生和家长是一个命运共同体，任何一方不作为，其他两方都难有好的作为和成果。

中小学生就像种子，想要种子生根发芽、开花结果，需要依靠土壤里充足的养分，而家庭和中小学班级里的氛围就好比是中小学生生长的土壤，这"两块土壤"里是否有足够的关心、理解、尊重、重视、欣赏、肯定、自由和有价值等这些好的养分，是中小学生能否形成正确四观和健康人格的决定因素。

三是人格发展八阶段理论（详见第七章）。

开展幸福家风班风联合建设的理论依据，浓缩起来如图6-1所示。

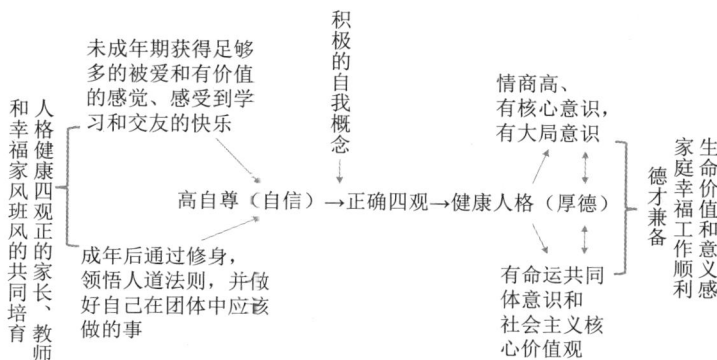

图6-1　开展幸福家风班风联合建设的理论依据

　　解决家庭教育和中小学教育的问题或者培养人格健康、四观正确的厚德人才，都必须以提升孩子的自尊水平为着力点来开展教和学的一切活动，要让孩子有足够多的被爱和有价值的感觉，即足够多的被关心、被理解、被尊重、被重视、被接纳、被欣赏、自由和有价值等这些美好的感觉，形成高自尊，孩子才可能形成正确的世界观、人生观、价值观和幸福观（四观）和健康的人格（厚德）。

　　然而，有不少的家长和教师其自身自尊水平就不足，内心也有许多的焦虑，自己更是很少能感受到幸福，又怎么能给孩子被爱和有价值的美好感觉呢？在教育孩子时，通常只看到孩子的缺点而看不到孩子的优点，也从不探寻教育成功的规律，比较急功近利。

　　所以，本人主张：要以整体和系统的视角来看待家庭教育和中小学教育的问题，并以整体幸福教养的理念来化解教育的问题，以达成立德树人的目的。

第五节 幸福家风班风联合建设的具体操作方法

校长可以这么做

校长可以在全校班主任群体中招募 3~9 个愿意实践的班主任，校长也加入班主任小组实践幸福家风班风联合建设，一年后再扩大到全校班级和教师队伍。班级里可能有些家长不愿意参加实践，应以自愿为前提，相信等这些家长看到参加实践的家长和学生的好成绩之后，他们自然就愿意参加了。

班主任可以这么做

如果校长没有这方面的意识，班主任可以在自己的班级里进行一年的幸福家风班风联合建设实践活动。在此过程中，班主任可以随机加入一个 9 人组来实践。不过同样的，在活动过程中，即便班主任全力推动可能还会有家长不愿意参加，同样以自愿为前提。

家长可以这么做

如果孩子的班主任没有这个意识，那么家长可以在自己孩子所在的班级找 3~9 名其他学生家长联合进行一年的幸福家风建设实践活动。不过在找家长的时候，除了找与自己孩子同班的同学家长，也可以找自己的亲戚朋友或同一居住小区的家长，只要找到 3~9 人即可。

幸福家风班风联合建设方案具体操作步骤

这里以一个小学班主任在自己的班级里开展幸福家风班风联合建设实践活动为例，来说明方案的具体操作步骤。

1. 动员

首先向全班学生家长说：大家都明白，家庭氛围和班级氛围对孩子身心健康和学习动力等方面有很大的影响，为了孩子们在小学阶段有个良好的成长环境，我想在我们班搞一个幸福家风班风联合建设实践活动，时间为一年。这个活动目前已经有些班级实践过了，反馈良好：孩子更自律、更主动了，性格也更开朗了。而且这个实践活动很简单，主要是家长、师生分组，每天轮值读书两分钟并录音分享在自己的小组群就行。总之，我了解过了，感觉很有价值，所以，我希望我们班的家长和学生都参加，当然，这个是自愿的。我只是希望，若决定要参加，就要坚持一年时间，想要参加的家长在群里接龙。

2. 分组

如何分组？个人认为比较好的方式是抽签，由学生抽签，9个同学（连带家长）一组，在9人组里再分成3个3人组，每个3人组选出一个组长，这样一个大的9人组就有3个组长。

如果是班主任自己在班里开展幸福家风班风联合建设实践活动，那么班主任就作为家长参加其中的一个小组；如果是学校行为，则班主任与自己同年级的班主任一组，班主任这一组除了要与家长9人组一样进行读书录音分享外，还要就如何上好自己所教科目与其他班主任进行学习交流，以达到相互促进提升的目的。

3. 填写《总体生活满意度自评量表》

这个部分非常重要，要提醒大家及时认真填写，并各自保管至少一年时间（一年后再填写一次，前后两次对照）。通过填写该表，你会更了解你自己；通过了解孩子填写的这张表，你也会更懂孩子的心。

家长填写"表6-1《家长总体生活满意度自评量表》"；

未成年人填写"表6-2《未成年人总体生活满意度自评量表》"；

班主任填写"表6-3《教师总体生活满意度自评量表》"；

表6-1《家长总体生活满意度自评量表》

（10分制，非常满意10分，非常不满意0分）

班级：　　　组号：　　　家长/孩子姓名：

家长职业：　　　　家长电话：

家长朋友：

你好！为了从根源上化解家长、师生的困难，培养孩子健康人格和正确四观，使孩子获得更好的学业成绩和良好品德，我们开展了为期一年时间的家长师生共学共建幸福家风班风联合建设实践活动。为使这次实践活动更有针对性，能够获得更好的成果，请真诚填写下面各项：

一、基本情况

1. 你感觉家庭中温暖友爱。（　　　）

2. 你感觉工作团队中大家团结互助友爱。（　　　）

3. 你在大多数的时间里情绪平和喜悦。（　　　）

4. 你胃口良好。（　　　）

5. 你睡眠质量良好。（　　　）

6. 生活中谁最喜欢你？（　　　）有多喜欢？（　　　）

7. 生活中你最喜欢谁？（　　　）有多喜欢？（　　　）

8. 你对自己的沟通能力满意。（　　　）

9. 工作上遇到困难或烦恼时你通常会向谁请教？（　　　）

10. 生活上遇到困难或烦恼时你通常会向谁请教？（　　　）

11. 你与伴侣的关系和谐友爱。（　　　）

12. 你与孩子的关系和谐友爱。（　　　）

13. 你喜欢你自己。（　　　）

14. 你目前最想改善与谁的关系？（　　　）

二、其他情况

1. 你对孩子的考试成绩满意。（　　　）

2. 你感觉孩子喜欢上学。（　　　）

3. 你感觉孩子写作业认真。（　　　）

4. 你感觉孩子有自信。（　　　）

5. 你有信心能把孩子培养成人格健康、四观正的人。（　　　）

填写时间：　年　　月　　日

表6-2《未成年人总体生活满意度自评量表》

（10分制，非常满意10分，非常不满意0分）

亲爱的同学：

你好，为了让同学们在家庭和班级团体里都能感受到更多的开心快乐，我们开展了为期一年的"家长师生共学共建幸福家风班风联合建设"实践活动。为使这次实践活动更有针对性，能够获得更好的成果，请真诚填写下面各项：

班级：　　　9家组号：　　　　学生/家长姓名：

家长电话：

一、基本情况

1. 你觉得你的家庭幸福和谐。（　　　）

2. 你觉得爸爸情绪平和友爱。（　　　）

3. 你觉得妈妈情绪平和友爱。（　　　）

4. 你觉得班里同学团结互助友爱。（　　　）

5. 你觉得班主任情绪平和友爱。（　　　）

6. 你想要上学。（　　　）

7. 你想要吃饭。（　　　）

8. 你早上睡醒时的精神状态良好。（　　　）

9. 在家里你最喜欢谁？（　　　）有多喜欢？（　　　）

10. 在班里你最喜欢谁？（　　　）有多喜欢？（　　　）

11. 你喜欢自己。（　　　）

12. 在学习上遇到困难你通常会向谁请教？（　　　）

13. 你烦恼不开心的时候会跟谁说？（　　　）

14. 你对自己的学习成绩和总体表现满意。（　　　）

15. 你目前的最大梦想是什么？（　　　）

二、其他情况（这段时间的总体感觉）

1. 你感觉自己听课专心。（　　　）

2. 你感觉自己做作业认真。（　　　）

3. 你感觉自己有自信。（　　　）

4. 你感受到被爸爸理解和欣赏。（　　　）

5. 你感受到被妈妈理解和欣赏。（　　　）

6. 你感受到被班主任理解和欣赏。（　　　）

填表时间：　　年　　月　　日

表6-3《教师总体生活满意度自评量表》

（10分制，非常满意10分，非常不满意0分）

教师/自家最小孩子姓名年龄：

班级：　　　教师组号：　　　教师电话：

尊敬的教师：

你好！为了从根源上化解家长、师生的困难，培养孩子的健康人格和正确四观，使孩子获得更好的学业成绩和良好品德，我们开展了为期一年的"家长师生共学共建幸福家风班风联合建设"实践活动。为使这次实践活动更有针对性，能够获得更好的成果，请真诚填写下面各项：

一、基本情况

1. 你感觉家庭中温暖友爱。（　　　）

2. 你感觉教师团队中团结互助友爱。（　　　）

3. 你在大多数的时间里情绪平和喜悦。（　　　）

4. 你的胃口良好。（　　　）

6. 你睡眠质量良好。（　　　）

7. 生活中谁最喜欢你？（　　　）有多喜欢？（　　　）

8. 生活中你最喜欢谁？（　　　）有多喜欢？（　　　）

9. 你对自己的沟通能力满意。（　　　）

10. 教学及班级管理上遇到困难或烦恼时你通常会向谁请教？（　　　）

11. 家庭生活上遇到困难或烦恼时你通常会向谁请教？（　　　）

12. 你与伴侣的关系和谐友爱。（　　　）

13. 你与孩子的关系和谐友爱。（　　　）

14. 你喜欢自己。（　　　）

15. 你目前最想改善与谁的关系？（　　　）

二、其他情况

1. 你对自家孩子的考试成绩满意。（　　　）

2. 你感觉自家孩子喜欢上学。（　　　）

3. 你感觉自家孩子写作业认真。（　　　）

4. 你感觉自家孩子有自信。（　　　）

5. 你对目前班级同学的整体精神面貌（班风）满意。（　　　）

6. 你有信心能把自家孩子培养成品格良好、受人尊敬的人。（　　　）

7. 你有信心能把班里大多数学生培养成人格健康、四观正的人。（　　　）

填写时间：　年　　月　　日

4. 张贴《共建家庭幸福心文明》和《共建班级幸福心文明》贴画

分别把图 6-2《共建家庭幸福心文明》、图 6-3《共建班级幸福心文明》打印出来贴到家里和班级的墙上。

有家长反馈，单单用好《共建家庭幸福心文明》，孩子的变化就很大了，如变得更加自律、更加主动、更加开朗了。

图6-2　共建家庭幸福心文明　　　图6-3　共建班级幸福心文明

图 6-2 和图 6-3 是负张逸夫小学幸福家风班风联合建设实践用的文化墙的内容，大家可以按照上面的文字做一张贴到班级或家中的墙上。每个人都要按照顺序背诵出图上的文字："发现优点、发现美好、真诚表达、及时回应、素为而行、反求诸己；真诚、合作、敬老、爱幼、爱国、爱家、爱自己、爱学习、爱工作、爱分享"共48个字。

这里特别要强调的是，时时要以好的思想和行为引导自己，特别是要把关注缺点的目光换成发现优点、发现美好的目光，这在提升孩子的自尊水平、使孩子形成健康人格和正确四观以及幸福家风建设方面具有非常重要的作用。

还有一个特别要注意的点是，每个人都要明确自己的角色是什么，是"家长"就要以孩子为中心，关心、了解、接纳、包容、肯定、启发、引导孩子，协助孩子化解问题并达成梦想，而不是情绪化地埋怨或指责孩子；是"孩子"就要把自己当下内心的真实感受、想法、观点和期待真实地向父母说出来，并以认真听课、认真复习、认真做作业、认真预习和认真做家务等作为自己的本分，以此来提升自己的理解能力、逻辑思维能力和做事能力，同时培养自己认真的品格。

在家里，把家人当天的美好或进步写在便利贴上，并写上自己的姓名和当天的日期，然后贴到《共建家庭幸福心文明》的树上；在班级里，学生和班主任老师把自己发现的、自己所在的小组同学的优点写在便利贴上，然后贴在《共建班级幸福心文明》的树上。如果贴满了，就把它们拿下来装订好，加上封面注明起止时间，也可以按月或按周装订保存。

小学班主任不仅要像家长一样，在家张贴并应用《共建家庭幸福心文明》和参加小组共读内容，然后分享在小组微信群；还要用早读时间或主题班会选择共读内容中的一小段，高年级同学可以轮流领读，低年级可以由班主任领读，也可以先录一小段音让学生听，最后让同学们谈谈感想。

《共建班级幸福心文明》上张贴便利贴的地方，最好是纵分区域，每9个孩子一组，每组一个区域，用不同色的便利贴。老师要注意看墙上的便利贴，做到及时表扬，并按周或按月把便利贴拿下来，注明时间起止、组别，装订保存。

班主任需要注意的一点是：不要当面批评指责学生，即便要批评也最好用建设性的方式，而不要用有损学生自尊的方式。当然，这不容易做到。所以，班主任要切实按照幸福家风班风联合建设的方案去实践，因为，这是较快综合化解问题的方式，也是班主任自己从众多班主任中脱颖而出的捷径。

5. 轮值朗读共学内容并录音分享在微信群中

9家人组的主要任务是轮值朗读幸福家风班风建设家长师生共学内容《人生幸福必须具备的中华传统文化和心理学核心常识》，并相互倾听和真诚反馈。

9家人组里面再分出3个3家人组，每天轮值一个3家人组，每天每家一人读书两分钟并录音后分享在微信群，当天3家人读相同的内容，其他人分别收听他们这3家人分享的读书录音并根据认真程度、走心程度排出名次，要简单说明理由，比如：一、张××：认真、走心，感觉听了还想听；二、李××，感觉很认真，如果语速再放慢一点更好；三、王××，感觉有点急，似乎是为了把读书录音任务完成好去办别的事似的；等等。

曾经有家长表达，不想排名次，担心排在后面的家长或孩子心里不舒服。这一点最好要想办法克服，因为，这样设置读书规则，是有心理学依据的，是为了让大家更快地成长，但如果实在不愿意，也允许。

不敢为他人排名次，也意味着自己可能也不能接受排名在后的结果，是自尊水平较低的体现，更加需要学习提升，可以先允许自己有一个过渡，争取尽早突破。

6. 参加线上周六家庭幸福研讨会

周六家庭幸福研讨会，实际上是一个比 9 家人组更大的让大家展示自己内心世界的舞台，也是练习读懂自己内心世界和理解他人内心世界的舞台。有多少人是因为听不懂他人的心声而沟通受阻、婚姻受阻、工作受阻的？所以，读懂自己、理解他人的能力，就成了人生幸福必须具备的核心能力，而周六家庭幸福研讨会就是一个非常棒的练习场所。

普通研讨会可以这么开：

如果一个班有 3 个 9 家人组，那么，这 3 个 9 家人组轮值当周六家庭幸福研讨会的组织者并有一人当主持人。研讨会内容为 6 人共读主持人在幸福家风班风建设家长师生共学内容《人生幸福必须具备的中华传统文化和心理学核心常识》里任意挑选一部分，然后，读者各自分享自己最有感觉的一个词或一句话，也可以联系自己的实际谈谈读后感。

最好的研讨会这么开：

请一个有中华传统文化和心理学基础的资深心理咨询师作为专家来参与活动。我主持的周六家庭幸福研讨会通常有三个部分的内容：读书分享、现场问题答疑和互动分析。

第六节　效果评估方法

自己评估

家长、孩子和老师各自再填写一遍之前填写的《总体生活满意度自评量表》，并与之前填写的一一对照。

曾有家长反馈，他与之前填写的量表对照发现，实践后对自己的喜欢程度、沟通能力等，没有之前填写的分数高。其实这也属于正常情况，因为大多数人会倾向于高估自己的优秀品质，通过学习之后发现，其实自己没有那么优秀，还有不小的成长空间。而能够意识到自己的不足已经是很大的一个进步了，比那些执迷不悟的假的自我感觉良好者强很多。

小组评估

由同一9人组的成员反馈，包括伴侣和孩子的反馈，比如大多数人反馈你情绪平和了很多，之前是几分现在是几分。

老师评估

由班主任或心理老师反馈，如果有整体幸福心理导师作为专家全程参与实践过程，那更好。

第七章
家长师生共学内容：
人生幸福必须具备的中华传统文化
和心理学核心常识

  在家长和中小学师生群体中普及中华传统文化和心理学中关于个人幸福和团体幸福的规律常识，以及关于什么是真正的爱，什么是正确的幸福观、教育观、学习观和爱国观等，是幸福家风班风建设的核心环节，也是从根源上化解家庭教育和中小学教育困难、培养孩子健康人格和正确四观的重要环节。本章所列的家长师生共学内容，是每一个想要获得人生幸福的人都必须具备的人道常识。

第一节　给家长、师生的一封信

亲爱的家长、老师和同学们：

　　家庭幸福友爱、孩子教育成功和事业发展顺利，是我们每一个人人生旅途中最基本的梦想。而我们参加幸福家风班风联合建设实践活动，通过家长师生共学中华传统文化和心理学核心常识，来领悟幸福和爱的规律，并提升我们化解问题的智慧和能力，享受到更多的幸福感、成就感和价值感，就是踏上了实现这个梦想的快车道。

　　习近平总书记在会见第四届全国文明城市、文明村镇、文明单位和未成年人思想道德建设工作先进代表时指出：大力加强社会公德、职业道德、家庭美德、个人品德建设，营造全社会崇德向善的浓厚氛围；大力弘扬中华民族优秀传统文化，大力加强党风政风、社风家风建设，特别是要让中华民族文化基因在广大青少年心中生根发芽。

　　习近平总书记非常重视家风家教问题，因为家庭是国家发展、民族进步、社会和谐的重要基石，千家万户都好，国家才能好，民族才能好。

因此，我们要找到一个既科学系统又通俗易懂，且能从根源上化解婚姻家庭问题和家庭教育困难、提升个人品德修养的幸福家风建设的方法，而我们现在开展的幸福家风班风联合建设实践活动，便是一个比较科学系统又通俗易懂接地气，且能较快促进家庭和谐、孩子教育成功和工作顺利的方法。

现在，我们就真正行动起来去实践和验证它，因为，实践是检验真理的唯一标准。

幸福，是角色的成功；

幸福，是每一个人的责任和义务。

让我们一起踏上这个伟大的征程！

整体幸福文化建设推动者 田小芬

2023 年 3 月 1 日

第二节　每天轮值读书录音群里的读书内容

下面是每天轮值读书录音小组学习微信群里的读书内容，每天只读其中一小段即可，所需时间 1 分钟左右。

高自尊是一种万能药

（1）社会心理学书籍《自我》的作者乔纳森·布朗指出：（高）

自尊是现代生活的万能药，它被看成经济收入、健康和个人实现的金钥匙，也被看作无法成功、犯罪和药物滥用的解毒剂①。意思是说，人的差别主要是整体自尊水平的差别。高自尊的人，高度喜欢自己，自信，人格健康，四观正，情绪比较平和，情商高，愿意探寻规律并遵循规律，所以，婚姻家庭、孩子教育和工作等各方面都发展比较顺利。低自尊的人不喜欢自己，欠缺自信，情商低，情绪急躁，不愿意去探寻规律，急功近利，以自我为中心。低自尊是婚姻、家庭、孩子教育等人生烦恼问题的心理根源，如图7-1所示。

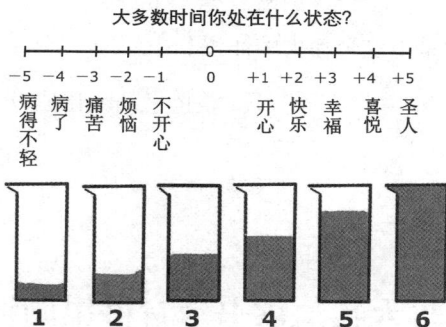

图7-1　杯子理论：自尊水平与智慧等级的关系

（2）如图7-1的杯子理论，我按照整体自尊水平的高低把人分成六类：第一类最低，指那些思维狭窄、目光短浅、四观不正，不爱探寻规律，在大多数时间里感到绝望，或感觉生命没有意义或有

①　[美]乔纳森·布朗，玛格丽特·布朗著．自我（第2版）[M]．王伟平，陈浩莺译，彭凯平审校，北京：人民邮电出版社，2015，第247页。

严重心理疾病的人；第六类最高，指思维敏锐、目光远大，有健康强大的人格，有正确的四观，爱国爱家爱自己，经常感受到宁静、祥和、幸福自在的人，相当于圣人。

（3）为什么说低自尊是人生各种烦恼的深层原因？因为低自尊会限制人的认知，这样的人内心深处有过多的焦虑和恐惧，路边有再美的花也看不见。所以，低自尊的人难有幸福的感觉，难有整体意识和大局意识。低自尊的家长和教师通常比较容易看到孩子的缺点，而看不到孩子的优点，也不太能听得到自己及孩子当下内心的声音。

图7-2　被疯狗追赶着的人（杨韵迪画，6岁）

（4）有些人在0~10岁这个人格形成阶段没有获得足够的爱和价值感，所以，有一定程度的低自尊现象。适度的低自尊能催人奋进，过度的低自尊会阻碍人的健康发展和潜能的发挥。庆幸的是，他们中的大多数人都可以通过读懂《人生幸福必须具备的中华传统文化和心理学核心常识》，并创新性地做好自己在家庭和工作团体中应该做的事情，来提升自己的自信心和自尊水平，化解家庭教育、学校教育、婚姻、工作压力等各种现实问题，成为真正幸福快乐的人。

也就是说，家庭教育和学校教育问题、婚姻问题、工作压力及人生的各种问题，都可以通过提升个人的整体自尊水平来化解。而提升幸福感，提高思想境界和智慧格局，培养健康强大的人格，或培养正确的世界观、人生观、价值观和幸福观等，也都必须通过提升个人的自尊水平才能达成。

低自尊和自卑心理是如何形成的

（1）低自尊和自卑心理是同义词。形成低自尊有多种原因，最主要的是，由于个体在 0~10 岁期间，很少有被关心、被理解、被尊重、自由和有价值等这些美好的感觉，即感受不到被爱和有价值，从而产生"我不够好""我没有用""我无能"这些消极的自我认知。而这些消极的认知会存在于个体的潜意识中，让个体常常以自我防御为动机，不敢尝试，不能做自己，从而阻碍自己的健康发展和潜能的发挥。童年早期形成的消极自我认知很难改变，所以，有一些人到了 60 岁还是自卑，容易发脾气，习惯指责他人，指责社会或推卸责任。

（2）纵观我们的家庭教育和中小学教育，有些家长和中小学班主任对待孩子的态度和言行，是在无意识地助推孩子形成低自尊和自卑心理。比如，一些家长情绪急躁，欠缺耐心，专注于分数而忽略孩子的内心感受，以监督控制而不是了解、尊重、启发、引导的方式教育孩子。

（3）教育的目的是把孩子培养成自立自强、人格健康、四观正的人，高自尊是孩子自立自强、人格健康、四观正的前提条件，而有些家长和班主任老师为什么会背道而驰呢？他们不爱孩子吗？不是，他们是恨铁不成钢，因为他们童年时期也没有获得足够的爱和价值感，也有自卑心理，从而限制了他们爱的智慧和能力，所以，你可能会发现这种传承的现象：自卑的父母→自卑的孩子→自卑的孙子。

自我价值是个人力量的源泉

（1）"自我价值是个人力量的源泉 ①"，是《新家庭如何塑造人》的作者维吉尼亚·萨提亚提出的观点，也是乔布森·布朗的《自我》中的核心观点之一。这句话的意思是说，人要感受到自己有价

---

① [美]维吉尼亚.萨提亚著，新家庭如何塑造人（第二版）[M]易春丽等译，北京：世界图书出版公司，2018，第31页。

值或所做的事情有价值，才会有动力、有力量，才会主动地、自律地去做好这件事情。而我们欠缺对自我价值感的认识和培养，这是家庭教育和学校教育中被严重忽略了的问题。

（2）"高自我价值感"是指个体对自己的思想品德及某一方面的智慧和能力较满意，感受到自己的付出对他人发展得更好有用，对社会和国家发展得更好有用，并得到他人和社会的认同与称赞，从而感受到自己的思想观点及所作所为有价值。高自我价值感，是个人力量的源泉，也是个人获得幸福感、安全感的源泉。高自我价值感的基础来源是对自己在家庭团体、工作团体或学习团体中的角色的胜任。

（3）高自我价值感，是高自尊的主要成分。先有高自我价值感之后才会有高自尊，即要先感觉到自己的所思所想、所作所为，能助力他人及社会变得更好，并获得他人及社会的认同和称赞，才会对自己感觉良好，从而产生自我价值感和高自尊。如果觉得自己没有价值，对他人及社会没有用，那么就不可能有真正的高自我价值感，也不可能有真正的高自尊。

（4）高自我价值感，是幸福的核心成分。可持续的正确的幸福观念，是指自己的思想观点及所作所为对他人、对社会变得更好有用，并获得了他人及社会的高度认同。而被认同、被尊敬是因为你做对了，你做得对是前提，被认同、被尊敬是结果。一些人没明白这个道理，当感受到不被认同或不被尊重时就生气或攻击对方、攻击社会，而不是去思考、去反思自己是否做对了，这是低自尊、低自我价值感的表现。

（5）"低自尊是导致抑郁的高危因素[①]"，是乔纳森·布朗《自我》中的核心观点之一。这句话的意思是说，患上抑郁症有多种原因，感受到自己对他人、对社会发展没有用，没有获得他人及社会的认同，从而形成低自我价值感、低自尊，产生自卑心理，是主要的心理因素。而当下，有些学生及成年人感觉生命没有价值和意义，这是家庭教育和学校教育应该重视的问题，即我们的教育应该把关注考试成绩转移到关注未成年人的价值感、自尊感、成就感和培养正确四观、健康人格这个核心上。

（6）在家庭教育中，批评、指责、忽略孩子，不让孩子做主，什么都是父母说了算；只关心孩子的考试成绩，不注重孩子的内心感受、观点和想法，不允许孩子有自己的想法；打压孩子，拿孩子跟其他优秀孩子比较；让孩子只管读书不做家务，使孩子欠缺生活的体验和能力；夫妻关系冷漠或有冲突、人际关系差，工作没有好的业绩，精神和物质都过度贫穷；等等，这些都会助推孩子形成低自我价值和低自尊，从而形成自卑心理，影响孩子健康人格和正确四观的形成，阻碍孩子的健康成长。

（7）在学校教育中，以考试成绩论英雄。老师对高分学生和低

---

① ［美］乔纳森·布朗，玛格丽特·布朗著，自我（第 2 版）［M］. 王伟平，陈浩莺译，彭凯平审校，北京：人民邮电出版社，2015，第 299 页。

分学生态度差异明显，很少欣赏和肯定学生，在班级管理制度的制定及完善方面不倾听学生的感受和想法，对同学间的冲突处理不公，动不动就向家长投诉学生在校的不良表现等，都会使学生焦虑感增加，从而影响学生的学业成绩和良好品德的形成，助推学生产生低自我价值感和低自尊，产生自卑心理，从而影响学生健康人格、正确四观的形成和潜能的发挥。

（8）低自尊、低自我价值感、欠缺自信、自卑，是孩子各种问题的深层根源，也是成年人各种问题的深层根源，所以，父母、中小学老师都应该了解"人格发展八阶段理论"，以及中华传统文化和心理学的核心常识，掌握幸福和爱的规律，并注重自身的修养，提升自己的幸福感，把孩子教育的重心放在培养孩子的价值感、自尊、成就感、健康强大的人格这个核心上。这是解决家庭教育困难和学校教育困难的核心之核心，重点之重点。

（9）现在我们进行幸福家风班风联合建设实践活动，就是通过家长、老师和孩子共读中华传统文化和心理学核心常识，提升大家对健康人格形成规律和人生幸福规律的认知，着力建设能够让人人都有被关心、被理解、被尊重、自由和有价值等这些美好感觉的家庭幸福文化规范和班级幸福文化规范，以形成"真诚、合作、敬老、爱幼、爱国、爱家、爱自己、爱学习、爱分享"的家风、班风，从而从根源上化解家庭教育和学校教育的困难，并让家长、教师和孩子都能在生活、学习和工作中获得更多的成就感、价值感和幸福感。

人人都应该懂的人格发展八阶段理论

（1）精神分析学家弗洛伊德认为，人格在6岁左右超我出现的时候就基本形成了，成年人人格的基本特点是在那时就确定了的。美国精神病学家埃里克森认为，人格在人的一生中都在不断地发展，他提出了人格发展的八阶段理论，认为每个人都会经历这八个阶段，每一个阶段对人格的发展都至关重要[①]。读懂人格发展八阶段理论就相当于读懂了心理学的核心，也能大概知道你为什么会成为现在的样子，以及你的亲人或朋友为什么会成为现在的样子。更大的价值在于，它对教育好孩子或你想要成为更好的人有特别大的帮助。

（2）我对人格发展八阶段理论的通俗理解是：埃里克森把人一生的自我意识发展分成八个阶段，每个阶段都有其主要的心理需要，如果心理需要没有得到满足，个体就会产生心理冲突，同时会影响其在下一个阶段的顺利发展，上一个阶段的人格状态是下一个阶段人格发展的基础，0~2个月这个阶段是孩子形成安全感的基础，如果这时候孩子的安全感没有建立起来，那么其此后的发展就

---

① ［美］伯格（Burger.J.M）著.人格心理学（第六版）［M］.陈会昌等译，北京：中国轻工业出版社，2004，第78页。

相对较困难。孩子的第一个阶段（婴儿期）到第四个阶段（小学时期），是自尊水平高低的决定性阶段，对其人格和四观的形成影响特别大。表 7-1 是通俗化的人格发展八阶段理论的概述。

表7-1　通俗化的人格发展八阶段理论概述

生命阶段	主要心理冲突	影响因素和结果
婴儿期（0~12个月）	信任与不信任	需要被无条件地爱。当婴儿受到照料者（通常是母亲）温暖、及时、适当和持续的照顾时，即有了安全依恋的体验，他就会形成对照料者的信任感；缺乏温暖、及时、适当和持续的照料，则缺乏安全依恋的体验，就会形成对照料者的不信任感
学步期（1~3岁）	自主性与羞怯和怀疑	需要被鼓励和接纳。当儿童受到适当的鼓励去探索自我和环境时，自主性就会形成。当儿童的探索受到抑制时，羞怯和怀疑就会产生
儿童早期（3~6岁）	自发性与内疚感	需要被肯定和欣赏。当鼓励儿童进行各种各样的尝试，并及时给予肯定时，他们的自发性就得到了促进。如果父母嘲笑或过度控制孩子、批评孩子，就会使孩子形成内疚感
小学期（6~12岁）	勤奋与自卑	需要被肯定欣赏和富有爱的启发引导。当孩子的努力受到肯定和欣赏时，就会形成勤奋感；当孩子所做的努力被认为是不充分或差劲时，孩子就会产生自卑感

续表

生命阶段	主要心理冲突	影响因素和结果
青春期（12~18岁）	自我认同与角色混乱	形成积极或消极的自我认知。他如果在前面的生命阶段能顺利地形成信任感、自主性、自发性和勤奋感的话，到了这个阶段，就会更加确认、认同和欣赏自己，从而形成相对稳定的、自信的、阳光的、积极向上的"我是谁"的自我认知；反之就会更加怀疑自己，不知道自己是谁，不知道自己能够做什么事，感到角色混乱
成年早期（18~30岁）	亲密与孤独	渴望有亲密的伴侣。这是恋爱的阶段。如果前面的阶段发展顺利，能形成积极的自我认知，到了这个阶段，就比较容易与自己喜欢的人建立起一种亲密的关系，包括同性朋友关系和异性男女关系。反之，则会感受到孤独
成年期（30~60岁）	生殖与停滞	渴望有好的思想传承。这是养育后代的阶段，泛指对自己孩子的教育以及自己思想的传承。可以通过工作、志愿服务、抚养孩子来实现自己的思想传承。如果孩子教育成功、工作得到认可，就会感受到自己的思想得到传承，体验到生活的幸福感和意义感。反之则是停滞，感到自己的生命没有价值和意义
老年期（60岁以后）	完整与绝望	渴望满足感和完整感。这是老年阶段。如果前面的阶段都发展顺利，到了这个阶段，回过头看自己所经历的生活，就会感受到满足和完整，进而能够有尊严地面对死亡。如果回忆以前被遗憾主导，就会感到绝望

（3）从表 7-1 可以看到，人从出生到小学阶段，是形成自尊自信的决定性阶段，需要被无条件地爱、鼓励和接纳、肯定和欣赏，以及被肯定欣赏和富有爱的启发引导，才会让人产生勤奋、自律、主动等品质。如果人在这个阶段的心理需要没有得到满足，就会产生自卑心理，并形成消极的自我认知，从而影响到后面生命阶段的学习、工作、恋爱结婚、孩子教育、工作压力和老年时期的圆满感。

（4）人格分为健康人格、亚健康人格和病态人格三类。从人格发展八阶段理论可以看到，人格虽然一生中都在发展，但出生至小学时期的人格特征决定了后面阶段的人格发展方向，前面阶段的心理需要如果得到满足，后面阶段就会向健康人格的方向发展；如果前面阶段的心理需要没有得到满足，就需要修身才可能走上健康人格的发展轨道上。而我们现在进行家长师生共读中华传统文化和心理学的核心常识，掌握个人幸福和团体幸福的规律，并开展幸福家风班风联合建设的实践活动，就是在修身。

如何快速读懂自己或他人的内心世界

（1）王阳明先生说："天下事虽万变，吾所以应之，不出乎喜怒哀乐四者。此为学之要，为政亦在其中矣。"[①] 这相当于是一语道

---

① 王阳明著，北京知行合一阳明教育研究院编，致良知是一种伟大的力量（原文版）[M]．北京：东方出版社，2016，第 040 页。

破天机：若你真正明白自己内心喜怒哀乐的规律，这样人生就没有烦恼的事了。在你的生活中，谁更懂你的心？你更懂谁的心？懂心，是人生过程中一种特别重要的能力。现在有个特别好的办法能快速读懂自己、伴侣、孩子以及他人的心，那就是著名心理学家维吉尼亚·萨提亚在其所著的《萨提亚家庭治疗模式》一书中所总结出的个人内心世界的冰山隐喻[①]，如图7-3。

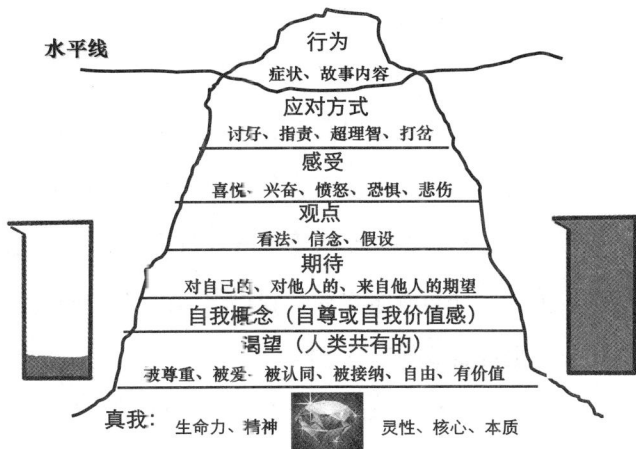

图7-3　我们自己及他人的内心世界

（2）图7-3中的"自我概念（自尊或自我价值感）"和冰山图两边的杯子是我加上去的，这是比原来的冰山图更加科学和完整的

---

① ［美］维吉尼亚·萨提亚（Virginia Satir）等著.萨提亚家庭治疗模式［M］.聂晶译，北京：世界图书出版公司，2007，第154页。

个人内心世界图。这个图的意思是说：一个人的内心世界就像大海里的一座冰山一样，能够被别人看到的行为表现只是露在水平面上很小的一部分，而蕴藏在水平面之下更大的山体，是我们的期待、观点、感受、渴望和真正的自我，常常被我们自己忽略或压抑，不容易觉察，也不习惯去表达，别人也不容易知道。

（3）图7-3左边的杯子代表很少感受到被爱和有价值的人，自尊水平较低，自卑，欠缺自信，易产生对自己、他人或社会的消极看法。自卑的人由于欠缺安全感，更倾向于封闭自己的内心，不表达自己的感受和想法，有些自卑者由于内心有过多的焦虑，甚至都不知道自己的真正感受和看法是什么，只是一个劲地防御，就类似前面讲到被疯狗追赶着的人。过度自卑者由于封闭自己的内心，所以他人也很难亲近。右边的杯子代表在成长过程中由于感受到较多的被爱和有价值，从而自尊水平高，较自信。高自尊者更倾向于开放自己的内心，很自然地分享自己内心的感受和想法。

（4）图7-3的最底层"真我：生命力、精神、灵性、核心、本质"是指个人的天赋，每个人来到这个世界上都是有天赋的，有些人擅长唱歌，有些人擅长跳舞。第二层，说的是人类的共同渴望，每一个人都希望获得被爱和有价值的感觉。"被爱"是指感受到被关心、被理解、被尊重、被重视、被接纳、被包容、被肯定、被欣赏、自由；"有价值"是指感受到对他人、社会、国家的发展而有用。第三层是自我概念、整体自尊和自我价值感。当内心的渴望获得了满足后就会形成高自尊和积极的自我概念；反之，则会形成低自尊、消极的自我概念。由于自我概念不同，所以，对名利地位、人生价值和意义的看法就不同，进而人生也就不同。

（5）每个人都有自己的内心世界，认识他人的内心世界，你就能与他人建立亲密友爱的关系，并保持良好的沟通。认识他人的内心世界，要从认识自己的内心世界开始。即"读懂他人的心要从读懂自己的心开始；掌握人道规律要从读懂自己的心开始；提升自己的管理能力、教育能力和爱的能力，要从读懂自己的心开始"，这是我们以往的传统教育中欠缺的心理常识。所以，今后要聚焦于读懂自己的心，要聚焦于自己为什么开心或为什么不开心上。

（6）个人要如何加速读懂自己的心，来提升自己与他人沟通的能力？一是要明确你在家庭和工作单位里应该做的事，并创新性地将其做好，从而提升你的自尊和价值感，提升自尊是提升沟通能力和识人能力的基础。二是在日常的生活、工作和学习中，关注你与伴侣、孩子或同事等交流过程中自己的感受和想法，特别是当你有情绪的时候。三是认真按照幸福家风班风联合建设方案的要求，以读书→录音分享→倾听他人的反馈→认真给予他人反馈的流程去做，坚持一年的时间，就能提升自尊水平、掌握高效沟通的能力。

（7）如何帮助低自尊者打开心扉，从而促进团体的和谐健康发展？一是允许他们想说就说，不想说就不说，他们不说的原因可能是因为还没有感受到安全；二是多关心他们，了解他们的期待，接纳他们的不足，并尽自己的能力帮助他们，达成他们的梦想；三是按照幸福家风班风联合建设的系统方法，以构建家庭幸福文化规范和工作团体的幸福文化规范为中心，使人人都活在相互关心、理解、尊重、自由和有价值的团体氛围中，慢慢提升他们的自尊水平，他们自然会打开心扉，并使整个团体的凝聚力更上一层楼。

爱的真谛，如何才是爱孩子

（1）弗洛姆在《爱的艺术》一书中说，所有的爱都应该包含有责任感、关心、尊重和理解他人，愿意促进他人的生活[①]。而如何才能真正做到关心、尊重、理解、负责任，使自己的付出真正能促进他人生活得更美好，却是一个世界级的难题，比如，天下父母都是爱孩子的，却有不少孩子感觉不到被爱。所以，我们从现在开始要认真学习爱的真谛。当我们真正领悟了什么是真的爱孩子、真的爱伴侣、真的爱父母后，才能领悟天下的各种爱，比如，什么是爱国、爱家、爱自己、爱学习、爱工作等。

（2）家长爱孩子，是指家长主动去了解孩子在成长过程中所需要的生理营养和心理营养，并尽可能地去满足，让孩子成为自尊自信、人格健康、四观正的人的过程。在心理营养方面，最主要的是

---

① 〔美〕艾里希·弗洛姆著，爱的艺术〔M〕赵正国译，北京：国际文化出版社公司，2004，第52页。

要让孩子在0~18岁真正感受到被关心、被理解、被尊重、被重视、被接纳、被包容、被欣赏、自由和有价值，这是孩子产生自信心和力量感的前提条件，也是产生高自尊、高自我价值感和形成正确四观、健康人格的前提条件。然而大多数家长很难给予孩子足够的心理营养，因为，他们自尊水平不足，且都有一定程度的内心焦虑和深层恐惧，欠缺耐心，故而导致不少孩子欠缺自信。

（3）家长爱孩子，最具体的体现是：家长承认自己幸福和爱的智慧与能力不足，承认自己需要通过学习提升自尊水平，并能够主动去了解人格发展八阶段理论以及个人幸福和团体幸福的规律，制定出一套全家人都乐意遵守以及在遵守的过程中人人都能感受到被关心、被理解、被尊重、自由和有价值的家庭幸福文化规范；同时，在日常的家庭生活中，关注孩子内心的感受和想法，允许孩子说真话，及时回应孩子的诉求，并让孩子感受到被关心、被理解、被尊重、被重视、被支持和有价值，使孩子对自己充满信心、希望和力量，从而成为爱学习、爱思考、爱分享的人，并感受到在探索规律、认识未知世界过程中的成长式快乐。

（4）至此，我们得出关于爱的定义：爱，是指你主动去关心、了解对方，尊重对方并协助对方达成其梦想的思想意识和实际行动。简单来说，爱的衡量标准是：如果A为B所做的没能促进B的自尊提升，进而无法使其自律地做好自己应该做的事并获得成长式的快乐，那么A就可能不是真的爱B，而是因为其内心的焦虑对B

进行控制。这种现象，在一些家长与孩子的关系中比较容易看到。爱，有三种类型：上级对下级的爱、下级对上级的爱和平级的爱。

①上级爱下级：家长爱孩子、老师爱学生、领导爱下属、师父爱徒弟等都属于上级爱下级的范畴。上级爱下级是指人格健康、四观正的上级，主动去关心、了解下级的内心诉求、期待或梦想，启发、引导下级，使下级的期待或梦想始终走在符合人道法则的轨道上，并全心全意为下级达成期待或梦想给予各种支持，包括下级犯错误时的包容和接纳，以及遇到困难时的及时答疑解惑，让下级真正感受到被上级关心、理解、尊重和重视，感受到自由和有价值，从而对自己充满了信心和希望，更加自律、创新地做好自己在团体中应该做的事情，并在生活、学习和工作过程中感受到成长的快乐。上级爱下级，是通过帮助下级人格更健康、四观更正确以及更有智慧、更有信心和能力来体现的。

②下级爱上级：孩子爱父母、学生爱老师、徒弟爱师父、下属爱领导、人民爱国家、家人爱家庭等都属于下级爱上级的范畴。下级爱上级是指，下级认真对待上级的指令和期待，去学习、去思考、去实践验证，并及时向上级如实反馈自己在做、在学习、在实践的过程中所产生的新意识、新想法或遇到的困难，使上级能根据新情况来调整他们的策略，而自己也通过实践和反馈获得上级的肯定和指导，从而不断提升自己在做人和做事方面的智慧和能力。下级爱上级，是下级通过做好自己的工作来助力上级达成梦想从而获

得成长的，但下级是否能执行上级的指令，很大程度上取决于上级的思想是否符合"命运共同体……"这种人道法则，即上下级关系的合作成功，很大程度上取决于上级是否有健康的人格和正确的四观。

③平级之爱：夫妻、合作伙伴和朋友是平级之爱的范畴。平级之爱是价值观相同的双方全然地为对方付出，同时全然地接受对方，并不断实践、交流，相互学习、共同提升，为达成双方的共同目的而学习和工作。

这三种类型的爱，从国家治理层面而言，最重要的是上级对下级的爱，"以人民为中心，为人民谋幸福"就是领导者应该有的思想意识和境界格局；对孩子健康人格和正确四观的形成方面，最重要的是家长对孩子、老师对学生的爱，同样需要有"以学生为中心，为学生谋幸福"的思想意识和境界格局，才可能更有智慧地探索出能提升学生自尊水平、促进学生健康人格和正确四观形成的各种教学活动。

正确的幸福观：个体幸福与团体幸福

（1）个体幸福，是指个体在家庭团体和工作团体中的角色成功，以及在家庭和睦、身心健康、事业有成、有知心朋友、有业余爱好、有老师、有粉丝和人格健康八个方面状态良好。如图7-4所示，"八维幸福心系统"是我提出的对人生幸福的定义和衡量标准。在现实生活中，大多数时间都感受到幸福自在的，是这样一些人：他们家庭和谐、身心健康、事业有成、有知心朋友、有爱好、有老师、有粉丝、有健康强大的人格，能创新性地做好自己在家庭团体和工作团体中应该做的事，获得领导和大多数同事的认可。

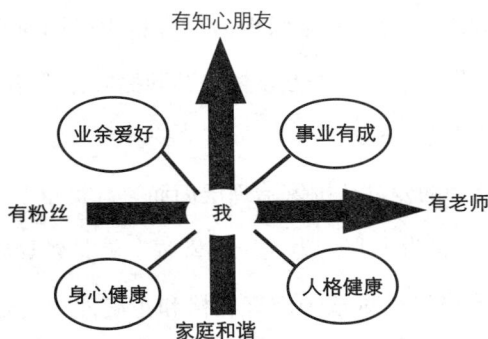

图7-4　田小芬"八维幸福心系统"

（2）"八维幸福心系统"中的纵坐标"家庭和谐""有知心朋友"是说，你出生在什么样的家庭，在一定程度上决定了你的自尊水平及你朋友的自尊水平和智慧层级。横坐标"有老师""有粉丝"，一方面是说，你有什么样的老师，在一定程度上决定你有什么样的粉丝；另一方面是说，有老师，成长和发展的速度比没有老师要快，当然，还在于你有什么样自尊水平和智慧层级的老师。

（3）人生幸福或烦恼问题，都离不开"八维幸福心系统"的八个维度，而"人格健康"这一个维度是其他七个维度的决定性因素。自尊水平过低，导致四观欠正确、人格欠健康，从而引发其他七个维度的困难或问题，而提升个体的自尊水平就可以化解其他七个维度的问题。

（4）团体幸福，比如'小学班级幸福"，是指：一、班主任和家长，这些被称为领导者的人，有正确的四观和健康的人格；二、有共同的愿景，比如家长、班主任的共同愿景是把孩子培养成人格健康、四观正、内心强大、对社会和国家有用的人才，而学生也是想要成为这样的人才，这叫作上下同欲；三、班级团体和家庭团体中分别有一套人人乐意遵守并在遵守的过程中感受到关心、理解、尊重、自由和有价值的幸福文化规范，能持续提升老师、学生和家长的整体自尊水平，促进个体在八个维度的良性发展；四、家长、老师和学生都以自尊水平、人格健康和四观正确作为教学成功的衡量标准，而不是以考试分数作为唯一指标。

（5）"八维幸福心系统"中的"有老师"是指你有比较信赖、比较认同其为人处世的人，你在生活、学习和工作中有什么烦恼困扰可以向其咨询，而那个人也能及时回应你并给予你有希望、有力量、能够化解问题的思路或方法。

（6）"有粉丝"是指有比较认同、欣赏你的人，他有生活或人生困扰时会第一个想到向你咨询，而在你的关心、启发和引导下，他也越来越有信心和希望，发展得越来越好。讲到这里，有个问题需要提及，那就是：孩子最应该成为父母的粉丝，最起码是在儿童青少年时期。然而，现实中，有些孩子还未成年就想要离开家、离开父母。也有一些老师，教了很多学生，但真正喜欢老师、感恩老师的却并不多，这是家长和老师需要重视的问题。

（7）"有知心朋友"是指你有什么话都可以说的朋友，你也能感受到朋友的理解和支持，就是有人懂你，你也懂对方。

（8）"业余爱好"是指你有真正喜欢做的事，并且喜欢做的事不仅能愉悦你的心情，而且对他人、家庭和社会发展也有益。最好的爱好是把自己在团体中应该做的事情变成自己喜欢做的事情。

（9）"事业有成"是指你能创新性地扮演好在工作团体中的角色，获得大多数同事和领导的认同，与大多数同事和领导关系和谐，感受到工作过程中的成长式快乐。对于学生来说，这里应是"学业有成"，是指由于学习目的正确而有动力、学习效率高、与同学关系好、自信、阳光，在大多数时间里能感受到学习和生活过程中的成长式快乐。

（10）"身心健康"不是指没有身体疾病和心理疾病，而是指吃得香、睡得沉、走得动，在大多数时间里情绪是平和喜悦的。在大多数的时间里情绪平和愉悦，是身心健康的核心体现和衡量标准。

（11）"家庭和谐"是指全家人都拥有真诚、合作、敬老、爱幼、爱国、爱家、爱自己、爱学习、爱工作、爱分享这些优秀的品德；在日常生活和工作中，能真诚表达自己的观点和想法，能及时回应他人，能自我反省，而且比较容易发现自己、家人、社会和国家的美好；大多数的家庭成员在大多数的时间里情绪都比较平和，能创新性地扮演好自己在家庭和工作团体中的角色，并不断总结经验，提升自己的智慧和能力，生活品质和工作效能都比较高。

（12）"人格健康"是看有正确四观的人表现出来的相对稳定、符合"命运共同体……"这种人道法则的思想行为模式。

正确四观的定义和衡量标准

（1）四观，是指世界观、人生观、价值观和幸福观。从心理学的角度来说，世界观的"世界"主要是指你生活、学习和工作的人文环境，所以，"世界观"是指你对家庭、班级或工作团体的总体感受和看法，以及你对父母、伴侣、孩子、领导、同事以及工作等的感受和看法。世界观是基础，世界观正确，人生观、价值观和幸福观就有了根基。

（2）正确的世界观是指，能意识到自己与家庭、班级、工作团体、国家及人类是同一个命运共同体；团体和谐富强，个人才可能有真正的幸福，并把做好自己在团体中应该做的事情当成是自己的责任和义务，能够主动地、为创新性地做好自己在团体中应该做的事情而持续学习和实践。正确的人生观是指，把为自己所在的团体变得更好而学习和工作看成人生的意义和价值。正确的价值观是指，自觉做好自己在团体中应该做的事情，只做对团体及他人有益的事，不做对团体及他人有害的事。正确的幸福观是指，把个人之间、个人与团体之间的关系看成荣辱与共的合作关系，把角色的成功看成最基本的成功，也是最基本的幸福来源。比如，"家长"这个角色的成功在于，能把家庭建设得越来越幸福和谐，能把孩子培养成人格健康、对国家有用的人才；"学生"这个角色的成功在于，能掌握家长和老师教的做人做事的哲理及专业的学科知识。广义来说，幸福是角色的成功以及个人在家庭和谐、事业有成、有知心朋友、有业余爱好、有老师、有粉丝、身心健康和人格健康八个方面状态良好。

健康人格的定义和衡量标准

（1）人格，是心理学中一个特别重要的术语，《人格心理学》把人格定义为：稳定的行为方式和发生在个体身上的人际过程[①]。根据健康程度，人格可分为健康人格、亚健康人格和病态人格。我把人格、健康人格和病态人格分别定义为：人格是个体呈现出来的、相对稳定的思想行为模式；健康人格是个体呈现出来的、相对稳定的、符合"命运共同体……"这种人道法则的思想行为模式；病态人格是个体呈现出来的、相对稳定的、严重偏离"命运共同体……"这种人道法则的思想行为模式。

（2）换种说法，健康人格是指个体领悟了个人幸福和团体幸福

---

① ［美］伯格（Burger.J.M）著.人格心理学（第六版）［M］.陈会昌等译，北京：中国轻工业出版社，2004，第3页。

的规律以及爱的法则之后，在日常生活和工作过程中呈现出来的良好的思想行为模式，如真诚、合作、敬老、爱幼、爱国、爱家、爱学习、爱工作、爱分享；爱探寻为人处世的规律，在日常生活和工作中，能真诚表达自己的观点和想法，能及时回应他人，能自我反省，而且比较容易发现自己、家人、社会和国家的美好；在大多数的时间里，情绪比较平和，能创新性地扮演好自己在家庭和工作团体中的角色，并能不断总结经验，提升自己的智慧和能力，有切实可行的梦想，生活品质和工作效能都比较高。对于成年人来说，有一条特别准确的人格健康程度的衡量标准，就是对自己父母的态度，人格健康水平较高的人，能发自内心地接受并感恩自己的父母。

（3）关于病态人格的形成原因和思想行为特征，精神分析学家卡伦·霍妮写的《我们时代的病态人格》一书中有非常详细的描述，主要特征是懒散、敏感、贪婪和多疑，对被爱、被尊重的过度渴望，对真情实感欠缺感知能力，等等。病态人格的形成原因是多方面的，其中一个原因是在童年早期过度欠缺被爱和有价值的感觉，内心存在过多的焦虑，进而产生"我不够好、我没有价值"等消极的自我认知，并因固着在欠缺基本安全感的生命状态中而呈现出来的、与年龄不相符的，甚至完全背离"命运共同体……"这种人道法则的思想意识和行为。

健康人格和正确四观形成的前提条件

（1）根据成功教育的法则，我们很容易就能明白，健康人格、

115

良好品德以及正确四观的形成条件相同，即都必须以高自尊为前提条件。高自尊的获得有两条路径，第一条是出生在父母情绪平和友爱、情商高、四观正的家庭；家庭规则简单清晰又人性化，家庭充满幸福和爱；在中小学校遇上情绪平和友爱、情商高的老师，班级制度简单清晰又人性化，有三两个阳光的知心好同学，自己能感受到在学习和交友过程中的成长式快乐。第二条是通过修身来获得。大多数人是需要通过修身才能获得高自尊的，所以，《大学》说，人人要以修身为本，才能齐家治国。

（2）用本书的观点来理解，修身是指心灵成长，是指领悟个体幸福和团体幸福以及爱的规律，并在生活和工作过程中不断修正自己的思想行为的过程，而我认为，修身的较好方式，就是认真读懂《人生幸福必须具备的中华传统文化和心理学核心常识》，并创新性地做好自己在家庭和工作团体里应该做的事，从而提升自己的价值感、自尊感。

教育成功的标准：怎样才算把孩子教育好了？

（1）有不少家长、老师包括孩子自己，可能都会把教育成功定义为能上名牌大学，却忽略了有些孩子虽然上了名牌大学却不开心，恋爱出问题，人际关系出问题，或毕业后难找到合适的工作等。北大心理学教授徐凯文在 2016 年首次提出"空心病"这个词，主要是指缺乏存在感、价值感和意义感，不知道为什么要学习，为什么要活着。

（2）我把教育成功定义为：孩子在各个成长阶段都能感受到学习、生活和交友过程中的成长式快乐，自尊水平高、人格健康、四观正。具体来说，就是指孩子能主动学习，爱探索规律，能独立思考并解决问题，有问题解决不了时能向别人咨询，有几个知心好友；能感受到家长和老师的关心、理解和支持，能与他人合作；长大之后能爱人也能被人爱；关心自己和他人的人格健康，关心国家建设；能与伴侣建设幸福友爱的小家庭，能创新性地做好自己在家庭和工作团体中应该做的事；在大多数时间里，情绪比较平和喜悦，较容易感受到生活、学习和工作的美好。

家庭角色的科学定位

（1）"家庭是世界的缩微景观，研究家庭就可以了解世界，改变家庭即可以改变世界。"① 家庭和谐，是我们每个人的渴望，但只有每个人都能做好自己在家庭中应该做的事情，家庭才可能和谐。所以，我们需要对家庭角色定位来做一个界定。首先，家庭是一个团体，也是一个组织。这里的"家庭"是指由爷爷奶奶、外公外婆、爸爸妈妈和孩子组成的一个团体，如图 7-5 所示。

---

① [美]维吉尼亚·萨提亚著，新家庭如何塑造人（第二版）[M].易春丽等译，北京：世界图书出版公司，2018，第 2 页。

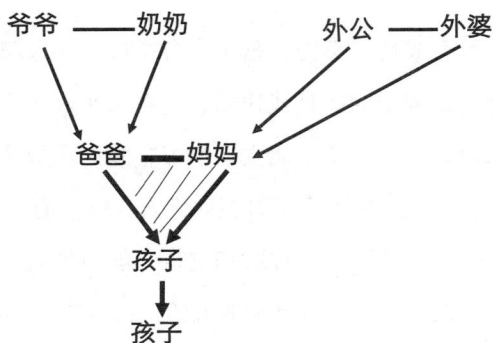

图7-5　家庭关系是所有关系的原形

（2）爷爷奶奶、外公外婆的角色定位：他们相当于是单位里的退休干部，他们的主要任务是：第一，调养好自己的身体和心情，使自己处在相对平和喜悦的健康状态；第二，不干涉子女的婚姻家庭生活；第三，如果子女需要帮忙带孩子，要量力而行，不要把带孙子孙女看成自己的本分，同时要遵从子女的养育观，不要把自己的养育观强加给你的子女，要牢记子女才是他们这个小家庭的家长，他们的小家庭要如何建设、要如何培养后代等由他们做主；第四，如果觉得子女不够孝敬你，也别指责子女，而是要反思：在子女成长时期，自己对孩子的教育观念及方法是否有欠缺？

（3）爸爸妈妈的角色定位：他们是一家之长，相当于一个企业的领导层，他们的主要任务是：负责整个家庭的经济和精神文明建设，具体包括如何发展经济，如何搞好内部人员的素质提升，如何培养孩子的良好品格及健康强大的人格，如何反哺双方父母的养育之恩等。爸爸妈妈特别要了解孩子生理和心理发展的规律，按照规律去启发、引导孩子如何做到更好，而不是指责抱怨孩子，要给孩子真正的爱，并让孩子感受到被关心、被理解、被尊重、被接纳、被包容、被肯定、被欣赏、自由和有价值，从而使孩子充满自信和力量。

（4）如果子女需要获得父母的支持，要有感恩之心，不要觉得父母有责任为你的车子房子出钱，不要觉得双方父母帮忙带孩子是他们的责任。父母把你养到成年就已经完成其养育任务了，父母的好东西也全部给你了，没有给你的是因为他们也没有。父母没能给你而你又想要的，必须由你自己去获得，这是你自己的责任，也是你想要教育好孩子应该具备的思想基础。

（5）要理解孝，不是指盲目地顺从父母的观点和期待，也不是指逢年过节回家看望父母即可，而是说你心中真正有父母的位置，发自内心地希望父母健康长寿，并主动为父母的幸福生活去做些事情，反哺父母的养育之恩。另外，把你自己的小家庭经营得幸福友爱，把孩子培养成人格健康、四观正、对社会和国家有用的人才，就是对父母最大的孝敬；相反，没把自己的家庭经营好，让父母担心，就是对父母的不孝。

（6）孩子的角色定位：婴儿时期他们的任务就是吃饭睡觉，或哭或笑，感觉到不舒服不安全就哭，感觉到舒服就笑。能说话之后他们的任务是把自己的感受、想法或期待及时说出来。上幼儿园及小学之后他们的任务：一是把自己在家庭或学校的感受、想法或期待真实地说出来；二是把读书、听课和写作业看成了解并掌握事物的规律的过程，从而提升自己的理解能力和逻辑思维能力，所以，上课专心听老师讲课，听不懂就问父母、老师或同学，自觉地完成学校老师布置的作业；三是认真完成自己力所能及的家务活。上初中之后他们的任务，除了小学阶段的任务之外，最重要的是要思考自己想要成为一个什么样的人。如果遇上缺爱的父母，可以走上修身之路，通过了解自己的喜怒哀乐之规律，从而成为一个对社会和国家建设有用的人，也成为一个了不起的人。所以，要学会质疑，学会凡事问规律。

幸福家风班风的内涵

（1）幸福家风是指家庭成员都拥有《共建家庭幸福心文明》中所提到的一些特征，即大多数家庭成员都"善于发现优点、发现美好；能真诚表达、及时回应；能素位而行、反求诸己；都拥有真诚、合作、敬老、爱幼、爱国、爱家、爱自己、爱学习、爱工作、爱分享"的好思想、好品德、好行为。

（2）真诚，是指每个人都能对家人真诚表达自己当下内心的真实感受、想法或观点。比如，我对你说："我感觉你似乎不开心，发生什么事了吗？"若你当时感觉不想说，那就应该回应说："我现在暂时不想说。"你这样不仅是真诚对待自己当下内心的体现，也是真诚对待家人的体现。

（3）合作，是指每个人都要有合作意识，因为父母与孩子、丈夫与妻子、老师与学生、医生与病人、领导与下属等本质上都是一种合作的关系，这些关系能否合作成功，关键在于能否各就各位、各负其责。比如，"病治好了"，是医生与病人合作的结果。

（4）敬老，是指在自己的心中有年长者的位置，对年长者怀有尊敬之心。这里的"年长者"是指年龄或辈分比自己大的人。有年长者在场，我们应多听年长者说。若自己有话想说，也要谦卑地把自己的观点和想法讲给年长者听，并请年长者给予建议或指导。

（5）爱幼，是指自己对年幼者有慈爱之心，关注年幼者的情绪、感受和期待，尽己之力满足年幼者的合理期待，关注年幼者心灵的健康成长，包容、接纳年幼者的不足，倾听年幼者的心声，启发、引导年幼者做到更好；同时意识到要做年幼者向上、向善的心灵榜样，从而使其规范自己的言行。

（6）爱国，最基本的是指遵守国家法律，不做违反国家法律的事情，不做损害国家荣誉的事情，并能够创新性地做好自己在家庭、工作团体及社会团体中应该做的事情。

（7）爱家，最基本的体现是清楚自己在家庭中的角色，做好自己应该做的事情；不指责抱怨。因此，我们把"爱家"定义为重视家庭幸福文化规范的建设，为真正把自己的家庭建设成为幸福家庭而学习和实践，这同时也是家长爱孩子、爱自己的基本体现。

（8）爱自己，指关心自己的喜怒哀乐，为自己的需要负责任，有梦想，为成为幸福快乐有智慧的人而学习，不断提升自己为人民服务的智慧和能力，创新性地做好自己在家庭、班级或工作团体中应该做的事，并获得家人、同学、朋友及社会的认同，自己也能有价值感。

（9）爱学习，是指主动学习、了解为人之道和职业之道。比如小学女教师，除了要学习如何讲授学科知识，还要学习为师之道、为妻之道、为母之道，统称为为人之道。

（10）爱工作，主要是指清晰自己在工作团体里的角色，并能创新性地做好自己的工作，获得他人及社会的认可，并且自己也能够享受到工作的快乐，有成就感和价值感。

（11）爱分享，主要是指乐意分享自己在学习、生活或工作中的体验、感受、观点、成功经验、方法或困扰等。只有专注地把自己在家庭或工作团体中应该做的事情做到极致，才能获得有价值的内容，别人也才愿意听我们分享的内容。

正确的学习观：学生为什么要学习？

（1）"学生为什么要学习？主要学什么？如何学？如何把学习和交友变成快乐的事？"对这些问题的回答就是一个人的学习观念，

称为学习观。那么，什么是正确的学习观呢？学习是为了增长知识、掌握规律，提升自己的理解能力、逻辑思维能力、人际交往能力和解决问题的能力；主要是学习语文、数学等基础学科知识，提升自己的表达能力、倾听能力和人际交往能力。

（2）如何学？在学科知识的学习方面，第一，要把"复习→做作业→预习→听课"这个科学的学习流程装进自己的脑袋里，每天都按这个流程来行动；第二，要认真听课，听清楚老师说了什么，核心是什么，哲理是什么，听不懂就问；第三，要认真做作业，把做作业看成增加知识、掌握规律、提升理解能力和逻辑思维能力的实操课。

在学习人与人之间的关系法则、提升自己的人际交往能力方面，第一，要关注自己的情绪，开心时为什么开心，烦恼时为什么烦恼；第二，关注自己说什么，为什么说，注意提升自己简单明了地说的能力；听同学、老师或长辈说话时，关注他们说了什么，并听明白他人为什么说。

（4）如何把学习和交友变成快乐的事？第一，首先要端正学习的态度和看法，学习是为了增长知识、掌握规律，提升自己的理解能力、逻辑思维能力、人际交往能力和解决问题的能力，而不只是为了上大学或拿高分；第二，把听课、做作业、与同学或师长交流的过程看成学习的途径，专注于每个当下正在做的事情；第三，每天为自己设定一个能实现的小目标，达成它；第四，每天把自己增长的新知识、新思想、新认识、新行动等视为宝石一般珍贵，感谢自己；第五，与自己的好朋友分享自己的心得体会，同时倾听好朋友的心得体会或相互探讨。

正确的教育观：家长应该教给孩子什么？

正确的教育观是指，家长以培养孩子自信自尊、健康人格和正确四观为目标，并围绕这个目标来创造利于孩子健康成长的家庭氛围，包括家庭幸福文化、幸福家风和家长较高的人文文化素养。具体来说，家长要了解孩子生理和心理的发展规律，依据规律为孩子提供充足的生理和心理营养，以建设温暖友爱的家庭幸福文化、形成幸福家风为抓手，以培养孩子正确的幸福观、价值观、学习观为目标，启发、引导并协助孩子化解其在生活、交友和学习上遇到的困难，把孩子培养成为人格健康、四观正、爱国爱家爱自己、自立自强、对国家建设有用的人才。

家长应该教给孩子什么？一是生理常识。比如，人从哪里来？二是心理常识。比如，人为什么开心？为什么不开心？如何化解不开心？三是生活常识。随着孩子年龄不断增长，要教给孩子整理房间、煮饭煮菜的一般常识，并让孩子自己动手做。四是正确的世界观、人生观、价值观、幸福观和学习观等。

正确的教育观：班主任应该教给学生什么？

对于班主任来说，正确的教育观是，以培养学生自信自尊、健康人格和正确四观为目标，并围绕这个目标来创造利于学生健康成长的班级氛围，包括班级幸福文化、幸福班风以及班主任较高的人文文化素养和学科教学智慧。具体来说，班主任要了解学生的心理发展规律，依据规律以建设团结友爱的班级幸福文化、形成幸福班风为抓手，以培养学生正确的幸福观、价值观、学习观为目标，利用主题班会，把正确的世界观、人生观、价值观、幸福观和学习观等内容植入学生的心中，启发、引导学生相互学习和解决问题，把学生培养成为人格健康、四观正、爱国爱家爱自己、自立自强且对国家建设有用的人才。

班主任要教给学生什么？班主任既要教给学生学科知识和规律，又要教给学生做人的道理。比如，班主任要教给学生：为什么要学语文？如何学好语文这门课程？此外，还要教给学生如何做一个有道德、有修养、被人尊敬、对国家建设有用的人等这些做人的道理。

正确的爱国观：爱国爱家爱自己是一回事

没有一个人能够孤立地存在，每一个人都是家庭的一员，也是国家的一员，更是人类的一员。只有家庭和谐富强，个人才会感受到幸福和安全，同理，只有国家和谐富强，个人和家庭才可能有安全和幸福的基本保障。所以，了解个人幸福和团体幸福的规律，做好自己在家庭和工作团体中应该做的事，就是爱国、爱家、爱自己的基本体现之一，因此说爱国、爱家、爱自己是一回事。

（1）爱自己最基本的体现：一是了解自己，关注自己的喜怒哀乐，知道负面情绪都是源于自己内心的匮乏和低自尊，明白加强自身修养才是王道。另外，做自己擅长的工作，或把自己的工作变成擅长的工作。二是清楚自己在家庭、工作团体和国家中的角色，创新性地做好自己应该做的事，并为此而不断学习和实践，让自己在生活和工作中享受到成长式的快乐。

（2）爱家最基本的体现是：清楚自己在家庭中的角色，创新性地做好自己应该做的事情，不指责埋怨家庭中的任何一个人，遵守家庭幸福文化规范，并参与家庭幸福文化建设，并为此而不断地学习和实践，使自己幸福和爱的能力不断提升，感受到生活中的成长式快乐。

（3）爱国最基本的体现是：第一，遵守国家法律法规，不做违反国家法律法规的事；第二，清楚自己在国家中的角色，并创新性地做好自己应该做的事情。

第三节　家长师生扩展阅读的内容

自尊水平不同的人的思想行为差异

人按自尊水平可分为两类：高自尊和低自尊。自尊水平不同的人的思想行为差异如表7-2所示。

表7-2　自尊水平不同的人的思想行为差异

	低自尊（低自我价值感）	高自尊（高自我价值感）
行为动机	以自我保护、自我防御、避免受伤为动机，不敢冒险和尝试	以了解事物发展规律为行动准则，以自我提升为动机，敢于冒险和尝试
应对方式	习惯指责别人，或压抑自己，或回避事实，或找借口，不敢承担责任，把责任推给他人	真诚表达自己的感受和看法，主动了解事实原因，想办法解决问题，勇于承担责任
情绪状态	焦虑紧张，消极抱怨。常具有攻击性，警惕而敏感，容易被他人的负面情绪或评价而影响。常感受到不如意或受伤	平静喜悦，有亲和力，能全然地活在当下，有定力，不易被他人的负面情绪或评价影响，常常感受到生活、学习或工作过程中的成长式快乐

	低自尊（低自我价值感）	高自尊（高自我价值感）
对自己的认知（自我概念）	自卑，觉得自己没有能力、没有价值；或自负，自我膨胀而听不到外界的声音，不能自我反省。通常不会主动与他人联系，缺乏弹性，把别人的拒绝看成轻视、嫌弃而感受到羞耻	自信，能感觉到自己的能力和价值；谦虚，既有自己的主张也乐意倾听他人的见解；经常自我反省，主动与外界联系，缩短与他人的距离，具有弹性，即使被拒绝也不会沮丧
对他人的认知	别人不会真正关心我，天下乌鸦一般黑，大家都是自私自利的，没有真正的好人	相信每个人都是善良的、有天赋特长的，都能发展好自己，只是能力和时机不同而已
自尊、自爱、人格水平	不能尊重自己的内心，常常压抑和委屈自己，没有自己真正喜欢做的事情，不能自我尊重和自我关爱，也不懂得尊重他人	能尊重自己内心的感觉，能真诚表达自己内心的感受和看法，同时顾及环境和大局的需要，能尊重自己，同时尊重他人
对失败的认知	某件事没能达到自己的预期，就会认为是失败，而且会因此全盘否定自己的能力，通常因怕失败而选择做那些回报很少但很安全的工作或干脆不做事情	认为没有失败，所有的过程都是有价值的，都会增加自己对人、事、物的认识；通常是做自己真正想做的事情，并能随遇而安：面对什么情况就应对什么情况
人际关系状况	没有知心朋友，自我封闭，沟通困难，人际关系冷漠或经常和人起冲突；通常感受不到被理解、被支持或经常被攻击，内心孤独	有知心朋友，内心丰富，乐意与他人分享自己的感受和想法，并得到他人的理解和支持；没有沟通上的困难，人际关系和谐、有趣
对父母的态度	不能接纳父母，经常抱怨父母，甚至是怨恨父母，不能反哺父母的养育之恩，反而常常令父母担心牵挂	不仅能包容接纳父母的不足，而且能感恩父母的养育之恩，并尽力反哺父母和发展自己，让父母感到自豪

婚姻幸福的祝福词

说明：婚姻关系是人世间最重要的关系之一，然而，婚姻关系在不少人的心中并未获得应有的重视。同时，对幸福婚姻关系的规律、法则以及对自己的认识，在不少人心中也欠缺认识。所以，了解并建设自己的幸福婚姻关系，便成为大多数人重要的人生课题，也是培养孩子良好品格、健康强大人格的基础。

祝福词

亲爱的丈夫/妻子：

感谢你选择我作为你的妻子／丈夫，感谢上天把你送到我的生命里。你不仅是我的妻子／丈夫，同时是我的益友、我的老师，通过你，我学习到很多。特别是通过你，我成了一名女人、一名母亲，继而走上了学习中华传统文化和心理学的道路，才逐渐理解什么是为妻／夫之道、为母／父之道及为人之道。直到成为自信、自强、自立的我，并有了一个想要助力社会和谐、国家富强、人人幸福的梦想，天天活在素位而行、顺势而为、助人自助的喜悦里。

现在，再也没有什么烦恼、困难能困扰我，我天天都充满了生机、希望、信心和力量。

回顾我们结婚之后、我学习中华传统文化和心理学之前的那些日子，我想要对你说声"对不起"。由于我那时比较自卑，内心有较多的焦虑和担心，我在严格要求自己之余也常常把对自己的不满投射到你身上，以埋怨、指责的方式表达观点及诉求，没能顾及你的情绪感受，使你也难感受到理解和支持，增加了你的烦恼和压力，对此，我非常抱歉。庆幸的是，我们都没有放弃彼此，我也在婚姻的长河里逐渐获得了成长，特别是当我走上学习中华传统文化和心理学的道路之后，我的成长突飞猛进。

实际上，在我的心里，你永远都是一个顾家爱家的好丈夫／妻子，是父母的好儿子／儿女，是孩子的好父亲／母亲，是兄弟姐妹的好兄弟／姐妹。你在生活上尊敬长辈、爱护幼小，你关心、理解和支持妻子／丈夫；你在工作上尊重领导、帮助下属、团结同事；你从不回避问题或困难，勇于承担责任；你与父母、兄弟姐妹、妻子／丈夫、儿女、亲友、同事都能保持良好的互动；你善于在工作和生活中总结经验，能创新性地做好自己应该做的事情。你真诚善良、性格开朗、积极上进、艰苦奋斗、乐于助人，从不嫉妒别人，你是上天赐给我的好丈夫／妻子。

通过我与你的婚姻经历和体验，以及学习中华传统文化和心理学的过程，我认识到：

（1）我和你成了夫妻，就成了命运与共的一个整体：我们共同的愿望是建设一个温暖有爱、和谐富强的家，以及培养积极向上、真诚善良、对社会和国家有用、有健康人格和正确四观的孩子。学习为妻／夫之道、为母／父之道及为人之道，不断提升自己建设幸福家庭的智慧和能力，助力你健康发展而不是拖你后腿，是我最应该补的功课。

（2）我和你成了夫妻，就成了命运与共的一个整体：你的健康，就是我的健康；你开心幸福，我就开心幸福。我会为你的健康、幸福做好我应该做的事，助力你减轻压力，而不是增添你的压力。

（3）我和你成了夫妻，就成了命运与共的一个整体：埋怨你，就是埋怨我自己；指责你，就是指责我自己；看不起你，就是看不起我自己；对你好，就是对我好。所以，我再也不会埋怨或指责你，而是通过持续学习中华传统文化和心理学，领悟幸福和爱的真谛，提升我自己幸福和爱的能力，让你更多地感受到被理解和被支持。

（4）我和你成了夫妻，就成了命运与共的一个整体：把孩子培养教育好，是我们的共同愿望，我会以身作则，爱学习、爱工作，不断提升自己的思想、境界、智慧和格局，成为孩子喜欢的榜样。

（5）我和你成了夫妻，就成了命运与共的一个整体：你的父母就是我的父母，你的兄弟姐妹就是我的兄弟姐妹，你的亲戚就是我的亲戚，对他们好，就是对你好，也是对我自己好。我会尽己之力，关心他们、尊重他们，就如关心和尊重我自己的父母及亲人一样。

（6）我和你成了夫妻，就成了命运与共的一个整体：我们永远是一荣俱荣、一损俱损的命运共同体，今后，无论你因什么离开我，我都会衷心地祝福你。尊重你的命运，因为你的精神与我的精神已经融为一体，永远都无法分离了。尊重你就是尊重我自己，祝福你就是祝福我自己，祝你永远平安喜乐，幸福圆满！

家庭幸福的祝福词

说明：家庭是一个命运共同体，家庭幸福需要人人都能各就各位、各尽其责，并相互关心、相互理解、相互尊重、相互重视，感受到被爱、自由和有价值；人人都拥有正确的幸福观、价值观、人生观、世界观和健康的人格，家庭就会更加幸福和谐。

祝福词

感谢父母给了我生命，感谢我的丈夫／妻子、孩子来到我的生命里，和我一起共同组建一个家。我爱我的家，我的家是和谐幸福的家，我的家是光明繁荣的家，我的家是温暖友爱的家。

我的父母是真诚善良的父母；

我的丈夫／妻子是真诚善良的丈夫／妻子；

我的孩子是真诚善良的孩子；

我的兄弟姐妹是真诚善良的兄弟姐妹。

我们全家人都是真诚善良、热情开朗、积极上进、敬老爱幼、爱国爱家爱自己、爱学习爱工作爱思考、爱交流爱分享的人。

我们全家人都知道：

（1）我们是命运与共的一家人，一损俱损、一荣俱荣，所以我们全家人就像石榴籽一样紧密团结在一起。我们都心往一处想：为共同建设和谐富强、文明民主、温暖友爱、幸福美满的家而各就各位、各尽其责。我们心都往一处想：共同面对问题，共同探讨问题的规律，共同为解决问题献计献策；共同为建设更幸福友爱、更文明富强的家庭献计献策。

（2）我们不是圣人，都有自己需要学习提升的地方，我们能够相互关心、相互了解、相互尊重、相互支持、相互肯定、相互接纳，在相互关心和爱的滋润中不断提升我们对幸福和爱、健康人格及正确四观形成规律的认识，不断提升我们对自己、对他人和对社会的认识，塑造我们正确的世界观、人生观、价值观和幸福观。

（3）我们之所以有些时候会产生冲突，是源于我们的认识不同、看问题的角度不同，我们渴望拥有温暖友爱的家庭的愿望是相同的。当我处在冲突中的时候，应先让自己的心静一下，然后想：我此刻怎么了？我的情绪感受是怎样的？我的观点和期待是什么？对方的情绪感受、观点和期待是什么？真诚地去了解对方的情绪、观点和期待，同时也真诚地表达自己的情绪感受、观点和期待，来消除误解，让关系更加亲密和谐。

（4）生命就像一条河流，我们每一个人的生命都是父母给的，父母的生命是父母的父母给的……因此尊重父母及祖父母，我们才有爱的源头。故而，我们要清楚自己在家庭中的地位，尊敬长辈，尊重长辈的命运，反哺长辈的养育之恩，同时发展好自己并培养好后代，尽到我们应尽的责任。

（5）家，是小小的国；国，是千万个小小的家。每个家庭都和谐富强了，国家就繁荣富强；国家繁荣富强了，包括我们家人在内的每一个国民才能有真正的安全和幸福。所以，建设好自己的家庭，是我们的渴望，同时也是我们的责任，不仅会为社会添加一分和谐的力量，还会为国家精神文明建设做贡献。

（6）爱是化解一切问题的答案。爱能治愈隔阂、冲突和伤痛；爱是人生幸福的金钥匙。我们这一辈子最重要的任务就是学习幸福和爱的规律，当我们能主动去关心、了解自己心里的感受和想法，并按照幸福和爱的法则不断修正我们的心念，让我们的心念逐渐接近人道之时，我们就能活在"既尊重自己也尊重他人，既爱自己也爱他人"的生命状态里，并让与我们共事的人也发展得越来越好。

（7）爱国爱家爱自己是一回事，真爱自己的人就会爱家，真爱家的人就会爱国，真爱国的人就会爱自己。感谢所有的同学、朋友和同事的支持，感谢全家人的真诚反馈和团结合作，让爱和被爱的气息能透过我们自己、我们的家庭，逐渐洒向更大的空间、更大的社会及全人类！

父母对孩子的祝福词

说明：父母爱孩子是天性，然而，由于部分父母内心有创伤，或有自卑心理，没能领悟幸福和爱的真谛，把自己的焦虑、不满投射到孩子身上，常常用抱怨或指责的方式与孩子互动，使孩子感受不到被爱，产生"父母不爱我"或"我不好、我是没有用的"等消极的自我认知，从而影响孩子一生的幸福。所以，消除孩子心中不被爱的认知，要从父母学习为母为父之道开始，并用实际行动消除孩子觉得父母不爱自己的误解。

祝福词

亲爱的儿子/女儿：

非常感谢上天把你送到我们的生命里。因为有了你，我才意识到我需要学习为母/为父之道，学习真正的爱，从而走上学习中华传统文化和心理学的道路。从而对幸福和爱有了正确的认识，成就了现在自信、自立、自强的我，并且有了一个想要助力社会更和谐、人人都幸福的梦想，从而让自己天天活在助人自助的喜悦里。

现在，我特别想对你说一声"对不起"。我很抱歉，虽然我视你为我的生命，当你感冒发烧难过时，我宁愿是我难过，也尽己所能给你吃好穿暖，但由于我不懂得真正的幸福和爱，而且由于我自卑，内心有较多的焦虑，对你的管教大多是聚焦在纠正不足上，并以指责、抱怨的方式把我自己的焦虑投射到你的身上，不懂得顾及你的情绪和感受，使你很少感受到被理解、被尊重、被接纳、被肯定和被支持，从而产生了很多委屈。而且，对于"为什么要上学？上学主要学什么？如何学？"等这些非常重要的问题，我都没有跟你谈及。通过学习，我才认识到，我们之前为你做的，不是真正意义上的圆满的爱。

我现在认识到，真正的"父母爱孩子"，首先是父母有一颗积极向上向善、阳光快乐的心，情绪平和友爱；了解孩子人格发展的规律；能关注孩子当下内心的感受、想法和期待，尊重孩子，及时回应孩子的诉求，使孩子感受到被爱、被理解、被尊重、被接纳、被欣赏、拥有自由、有价值感和成就感，从而对学习和交友充满信心、希望和力量。

庆幸的是，你有顽强的生命力，在不完美的环境里，你仍然能保持一颗积极向上向善的心，不断地学习并提升自己，我们要向你学习。同时我们希望你知道：你在爸爸妈妈的心中，永远是真诚、善良、积极光明、心胸开阔、乐于助人、有责任心、能担当的好儿子/女儿！

你有健康的身体，你真诚、善良、爱思考；你尊敬老师、团结同学，你和老师、同学沟通良好、相处融洽；你有强烈的学习欲望和学习能力，善于总结学习和生活经验，有不懂的问题能主动向别人请教；你有极佳的思考能力和组织能力，你能合理安排学习和玩乐的时间；你知道学习是为了提升自己的理解能力和逻辑思维能力，而不只是为了考试成绩；你也知道，当你的理解能力和逻辑思维能力不断提升后，考试成绩自然会提升。

我们祝愿你的天赋能尽情发挥，愿你时刻牢记：我们每一个人都是团体中的一员，家庭是一个团体，班级是一个团体。团体和谐幸福，个人才能安全幸福。所以，不管是在家庭里还是在班级中，我们都要做好自己应该做的事情，这样团体才能更加和谐幸福，个人也才能真正幸福安全。我说的这些道理，可能你现在年龄小还不太能理解，但没有关系，你先记住，因为，我们中华传统文化和心理学关于人生幸福和爱的最高法则，就是"牢记命运共同体，素位而行要创新，凡事遵循心规律，凡事反求诸己身"。

我们相信，你知道学习幸福和爱的法则才是最重要的。当明白幸福和爱的法则时，你的学习成绩会快速提升，你也越来越能管理好自己，安排好自己的学习、活动和休息时间，越来越享受到来自学习和交友过程中的成长式快乐，获得更多的成就感、价值感，喜悦满满。我们永远爱你，你是独一无二、与众不同的好孩子，我们以你为荣！

对祖先的祝福词

说明：生命就像一条河流，父母和祖父母等长辈就是我们生命河流中的上游。所以，尊敬父母、长辈、祖先，同时发展好自己并培养好后代，是我们每一个人的人生课题、使命和责任。

祝福词

敬爱的历代祖先：

您好，我是你们的后代×××，感谢你们的大善大德，感谢你们代代相传赐给了我健康的身体、优秀的品格、卓越的智慧和博大的爱。

感谢你们一直以来对子孙后代的支持和保护，我向你们致上最深切的敬意和感谢。感谢你们给予我的爱，感谢你们过去的所有付出，你们所有的经历和付出都是我丰富的资源和财富，我已经完完全全地接收到了，并永远地将它们装在了心里，让它们不断地滋养和丰富着我，为后代子孙的延续奠定良好的生存基础。

我会带着你们传递给我的智慧和爱，建设好家庭，培养好孩子，做好工作，以此来荣耀你们、感谢你们。你们传递给我的品德、智慧和爱，我将会圆满地传递给下一代，让你们的美德代代流传、发扬光大。

我看到所有的祖先都是实相圆满、大善大德的，我爱你们，我以你们是我的祖先为荣！

第四节　每个家长都可以做的事

树立自己领导者的意识

不要把孩子的教育完全推给学校和老师，而且父母是孩子的第一任老师，把孩子培养成人格健康、四观正、自立自强的人是父母最大的愿望，也是父母品德和智慧的体现。所以，要有"家长就是孩子的领导者"的意识，要承担起对孩子品德教育的责任。

着重建设家庭幸福文化规范

符合人道的家庭幸福文化、幸福家风是孩子教育成功和家庭和谐的保障，但要真正形成本书讲的家庭幸福文化和幸福家风则要照着《幸福家风班风联合建设系统落地方案》去做。

明确各自的角色

参照共读内容中的"家庭角色定位"，制定出自己家庭中人人乐意执行的事项，比如，谁负责整理客厅，谁负责倒垃圾，并各自自律完成。

定期召开家庭会议

要开好家庭会议，对于有些家庭来说十分不容易，我在这里建议，第一次开家庭会议可以只读"家庭角色定位"，然后让大家各自确定自己在家庭事务中想要承担的工作内容，对于孩子，注意不要让他们承担那些过于复杂的家务；第二次家庭会议可以朗读"家庭幸福的祝福词"。总之，开家庭会议对于建设家庭幸福文化和幸福家风是非常重要的一个环节。

成立"家庭幸福读书会"

找 6~9 个家长，最好是找与自己的孩子同班的家长组成"家庭幸福读书会"，家长和孩子一起读《人生幸福必须具备的中华传统文化和心理学核心常识》，每次只读其中一小部分，然后大家分享读后感。在这个过程中最好能请有中华传统文化和心理学基础的资深心理咨询师进驻"家庭幸福读书会"，解答问题并把在过程中看到的现象反馈给大家，持续一年时间。

第八章
心理咨询和案例分析

　　心理咨询有用吗？答案是肯定的。本章将介绍关于心理咨询的一般常识，并通过案例说明，若你愿意了解自己，了解本书说的幸福规律，那么你也能成为自己的幸福心理导师，从而使自己的人生过得更有价值和意义。

第一节　关于心理咨询

有些家长会被孩子的班主任建议带孩子去做心理咨询，每到这时，家长就非常害怕，似乎一旦去做心理咨询，孩子就不正常一样。

这实际上是家长对心理学的偏见，心理学就是探究人喜怒哀乐的规律，如为什么开心、为什么不开心，因此也可以说，心理学就是关于幸福规律的学问。如果你懂人内心幸福的规律并按照这个规律去做，那么你就会幸福；凡不幸福，都源于不了解人内心幸福的规律，更谈不上按照幸福的规律去做了。

什么是心理咨询

从心理服务从业人员的角度看，心理咨询是一种专业的心理辅导服务，是指心理咨询师应用其领悟到的心理学规律协助来访者认识自己、提升智慧、化解内心问题、获得更美好生活的过程。咨询师是主体，求助者是客体。

从求助者的角度看，心理咨询是指个体为了化解自己的问题、提升自信心或获得提升幸福的策略而向专业心理咨询师咨询，从而获得专业指导的过程。求助者是主体，咨询师是客体。

心理咨询按照涉及人员的范围，又分为个体心理咨询和团体心理咨询。

个体心理咨询是指一名心理咨询师针对一名求助者及其所面临的问题而进行的系统的心理辅导过程。

团体心理咨询是指一名或多名心理咨询师针对一个团体（一个家庭、一个班级或一个工作团队）进行整体性的心理辅导的过程。

有关孩子的心理问题，最好是做家庭心理辅导，或者叫家庭治疗，因为对于孩子来说，他们的问题大多并不真正是他们的问题，而是家长的四观问题、家庭欠缺温暖和爱的问题，但有这个意识的家长不多。一般来说，家长是不愿承认自己有问题的，因此通常不愿进行家庭心理咨询。

心理咨询有什么用

对于求助者来说，去做心理咨询不仅仅是要化解现实烦恼，更重要的是获得正确认识自己、理解他人的智慧，提升个体对自己的认知，促进自我成长。用我的理论来说，心理咨询的作用是促进个体认识自己，掌握符合人道法则的幸福规律，树立正确的世界观、人生观、价值观和幸福观，从而获得开创未来更美好生活的智慧和能力。

心理咨询前的思想准备

1. 不要期待一次咨询就能帮你解决问题

不管是哪一流派的心理咨询师，第一次咨询的主要工作都是了解求助者的困扰、建立信任关系，并经双方协商确定咨询目标。

不同咨询流派的心理咨询师，问题归因的理论不同，需要咨询的次数也不同。我属于结合了中华传统文化和心理学核心观点的整体幸福心理学咨询流派，通常以 6 次为一个疗程，而且通常一个疗程就能达成双方共同确定的咨询目标，并使求助者从此走上自助式的自我成长之路。就是说，求助者以后可以在生活和工作中不断地获得成长，并享受到生活和工作过程中的成长式快乐。

2. 把你的困扰和咨询目标如实告诉心理咨询师

有不少求助者在心理咨询师面前只是一个劲地陈述困扰自己的问题，对于通过咨询想要达成什么目标一般都不太明确，或者有些求助者的咨询目标根本不现实，所以需要咨询师与求助者协商出咨询目标后才能继续咨询，因为只有有了咨询目标，咨询和辅导才有价值和意义。

3. 愿意探寻你的内心世界，并了解人类共通的幸福和爱的规律

愿意探寻你的内心世界，并了解人类共通的幸福和爱的规律，同时下决心为自己的幸福、渴望负全责，而不是依赖父母、伴侣、

孩子或外部世界的改变，对成年人来说，这一点是决定整个咨询效果的关键。

也就是说，你要聚焦于"了解你困扰的原因和如何才能更好地发展自己"这一点去咨询，而不是如何去改变别人。

对于10岁以下的孩子来说，重点的辅导任务是家长要学习如何真正地爱孩子。

4. 要认识到咨询师与求助者是合作的关系

不要把咨询效果完全寄托在心理咨询师身上，就像你不能把健康完全寄托在医生身上一样，再高明的医生，如果遇上不按医嘱吃药、不按照医生的建议优化生活方式的病人，这个病也很难治得好。

也就是说，想要有好的咨询效果，你要专注于心理咨询过程中的体验，还要按照心理咨询师的建议去做，包括你在心理咨询过程中对心理咨询师的感觉。如果你感觉心理咨询师很强势，只会说教，不认同心理咨询师的观点，那么你就要将内心真实的感受和想法说出来，让心理咨询师及时听到，这样心理咨询才会有更好的效果。

每个人都能成为自己的幸福心理导师

按照我对心理学的理解，心理学是关于人类共通的心理规律的学问，是关于个人之间、个人与团体之间、个人与自己之间的关系法则；是关于人类共通的喜怒哀乐的规律学说；是关于永恒不变的个人幸福与团体幸福的规律学说。我们每个人每天都活在自己与他人、自己与团体、自己与自己的关系里，读懂自己为什么开心、为什么不开心、自己的深层渴望是什么等，就可以明白：人的大多数烦恼都源于人际关系冲突，不是与父母的关系出了问题，就是与伴侣的关系出了问题，或者是与孩子的关系出了问题，等等。而这些问题都源于自己与自己的关系不够好，即不喜欢自己、自尊水平低、自卑心理严重。

当你真正下决心要去了解自己的内心，去了解个人幸福和团体幸福的规律法则以及为自己的渴望、幸福负全责，而不是依靠他人或其他外界条件来达成渴望时，你的未来生活将有很大改善。

而读懂本书的观点，并认真按照幸福家风班风联合建设的系统落地方案去做，不仅能化解孩子教育问题，提升婚姻家庭幸福程度，同时也能提升自己的自尊水平，掌握个人幸福和团体幸福的规律法则，从而成为自己人生的幸福心理导师。

第二节　心理咨询案例分析

什么是心理分析

在我看来，心理分析是指心理咨询师根据求助者的问题，用自己掌握的心理常识来理解求助者的内心困扰和问题成因，同时协助求助者化解问题的一个过程。

由于心理咨询师所掌握的心理咨询理论和方式不同，同一个求助者的问题，不同的心理咨询师所做出的问题归因不同，化解方式也可能不同。

但无论是哪一个心理咨询流派，都必须是能引发求助者自我负责，并尝试着让求助者在自己的位置、自己的角色范围内做好自己应该做的事情，从而提升其自尊水平，最终从根源上解决自己的问题并获得健康发展。

我没有把自己框定在哪一个心理咨询流派，如果一定要为自己的心理咨询取一个流派名称，那就是"中华文化心理学流派"或"整体幸福心理学流派"，我聚焦让求助者从根源上认识自己、领悟幸福和真爱的规律，从而达到化解问题、促进自我成长的目的。

《幸福家风班反联合建设的系统落地方案》，就是我分析了家庭教育困难和中小学教育困难的现象、原因之后，开出的从根源上化解此类问题的处方。它集预防、治疗、保健和延年益寿于一身，对社会和国家来说，是提升国民道德素养、形成命运共同体意识和社会主义核心价值观，落实国家教育方针"育人为本，德育为先，培养德才兼备的社会主义事业建设者和接班人"的可操作、可量化的方法。

四例心理咨询案例分析

我接待的心理咨询案例大多是家庭教育和婚姻关系方面的，虽然每个求助者遇到的困扰不同，来咨询的目的也不同，但他们心灵深处的渴望都是相同的，所以，化解问题的方式也基本相同。

下面是关于家庭教育方面的案例。

先来讲三个案例，我分别将这三个案例的主人公命名为 A 初一女生、B 高三女生、C 宅家男生，他们的家庭关系如图 9-1、图 9-2、图 9-3 所示。

图9-1　A初一女生的家庭图

图9-2　B高三女生的家庭图

图9-3　C宅家男生的家庭图

从图 9-1、图 9-2、图 9-3 可以看到一个共同的问题，A 初一女生、B 高三女生、C 宅家男生，他们与父母的情感距离都是远的，这意味着他们的童年被父母理解、尊重、重视、自由和有价值的美好感觉很少，他们的自尊水平处在较低的状态里。而渴望被父母关心、理解、重视、接纳、包容、欣赏，并感受到自由和有价值，是他们每一个人的内心渴望，也是他们外在困扰的深层原因。通过在心理辅导过程中获得被倾听、被理解和被尊重等情感体验，了解个人幸福和团体幸福的规律常识，来提升他们对自己、对父母的认识和理解，从而化解创伤，接纳父母，提升自信，让问题获得解决。

（一）A 初一女生的心病

父母在城里开了一家店，她 1 周岁后被送回农村奶奶家，6 岁后回到城里的父母身边并在城里上小学；她有一个弟弟，比她小 5

岁，她左手腕上有几道伤痕，她主动让我看的。她的主要问题是觉得活着没有什么意义，还有她对奶奶的死有愧疚。她总共来咨询了三次，第一次用时 2 个小时，主要是化解她对奶奶去世的愧疚感，过程中流了很多眼泪；第二次是化解她与父母之间的距离感以及她自己内心的一些纠结，用时 2 个小时，流的眼泪比上次少了；第三次是聚焦自己，即如何成为自己的主人，用时 1 小时 20 分钟。

第一次咨询结束后，我布置的心理咨询作业是：每天读一遍我为她圈出的《大学》《中庸》的节选内容，读一遍大约 2 分钟时间。她第二次来咨询的时候就反馈了她读了这些内容的领悟，我当面称赞了她，所以，第三次的咨询"成为自己的主人"就顺理成章了。咨询结束时，我看到她脸上充满了信心和希望。

这是我第一次将中华传统文化和心理学核心常识结合起来用在个体心理咨询中，简单，明了，见效快。

（二）B 高三女生的心思

班主任看到她在学校精神恍惚、爱流泪，于是通知家长把她领回家并去看心理医生。她来到我面前，哭诉说是脸上长了青春痘，她自己在网上找到一家本地医院说能治，但父母不同意，说高考结束后再去治也不迟。她还有一个哥哥，在读大学。

在了解了她在家庭和学校里的基本情况之后，我说，听了你刚才说的，我心里有了一幅画，我画出来你看看是否符合你内心的感觉。画中，她远远地站在父母和哥哥三人的对面，同时背对着他们，就像图9-2的样子，她听完流了很多泪。一会儿之后，看她的情绪稳定了一些，我说："你不看他们，那你看向哪里？"她说："不知道。"眼泪又哗哗地流。又过一会儿之后，我说："你不看他们，也不知道看向哪里，那你是否有放弃生命的想法？"她看着我的眼睛说："有。"我认真地与她对视了一会儿，然后说："那你来找我，希望我能帮你什么呢？"她说："我想要我的声音有人听见。"听到她这么说的时候，我就有种直觉：不用担心她的生命有危险，因为，我可以做那个能听懂她的心声，同时也能让她看到光在什么地方的人。

青春痘只是一个表面的原因，深层的原因是她感觉父母偏爱哥哥，而她想要考个好大学以获得父母的重视，但又担心考不上。父母虽然嘴上说不在乎考试分数，实际上很在乎，所以，她备感焦虑。

经过两个星期、三次咨询之后，她决定回学校学习。上学一个星期之后，第四次咨询，我问："这周在学校感觉如何？"她说："很好。"

她现在是大二学生。前段时间我回访她，主要是征求她的意愿，是否可以把她的咨询案例写到书里。她说，可以的，希望能对其他人有帮助，她现在很爱自己。我除了要感谢她同意我将她的咨询案例写进书里，还要对她说：你说你现在很爱自己，我太为你开心了，一个人能爱自己，是一种非常非常了不起的能力。

（三）C宅家男生三年不出门

20岁的C男生，初中毕业就没有上过学了，一直沉迷在二次元的世界里，偶尔到父亲的店里帮忙。由于在家躁狂症发作，因此被其叔叔带到医院心理科就诊。医生开了一周的药并对其叔叔说，这孩子需要做心理咨询，于是他叔叔通过学校心理老师找到了我。

C宅家男生产生心理问题的主要原因是，3岁时父母离婚后便跟着奶奶生活，后来父亲再婚又生了一个弟弟。与自己最亲近的奶奶是负能量较重的人，经常在C面前说他父母的不好，说他父母不孝。父亲也经常说C是没出息，他想改变他的父亲但又感觉无能为力。

经过每周一次、共六次的心理辅导后，他从想要改变父亲转移到想要提升自己，并能够接纳他父母的样子。之后，我提出在心理辅导结束后他可以参加我主持的每周公益的幸福心沙龙。他接受了我的建议，共参加了十次。在幸福心沙龙，我发现，他对当下的真情实感的感知能力比参加沙龙的大多数人都强。

两年前我回访他时，知道他正在广西大学参加EMBA的学习，并在保险公司上班。在征求他意见，是否同意我把他的咨询案例写进书里时，听到了他爽朗的笑声。

（四）D 已婚男很少感受到幸福

前面三个案例的主人公都是与自己父母关系较远的，但案例四 D 的情况就不同了。

D 是一个 1 岁多孩子的父亲，他来咨询时没有明确的目标，只是说，很少感受到幸福。当我了解了一下他对父母、伴侣的印象和感受等相关信息后，我说，听你说了这些之后，有一幅画面出现在我的脑海里，我画出来你看看是否符合你心中的感觉（见图9-4）：你母亲比较能干，也比较强势，看不起你的父亲，你父亲比较懦弱一些；你比较认同你的母亲，不认同你的父亲，甚至有点看不起父亲；你哥哥与父母的关系都不好，不太认同你的父母；你的妻子与你的关系类似于你的母亲与你的父亲的关系，也就是说，你的妻子也像你母亲那样，比较能干也比较强势，而你也像你的父亲，不善言谈……他听后非常感叹："非常符合，昨天我哥哥还很气愤地跟我说我父亲的种种不是。"

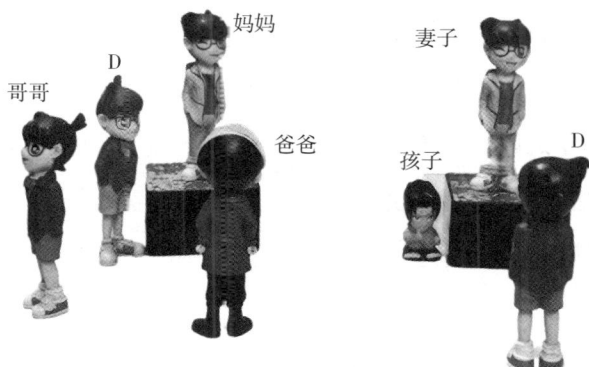

图9-4　D已婚男很少感受到幸福

用三次辅导化解了他对父亲的纠结之后，我将重点转向他的婚姻关系。

我说：你感觉你与妻子之间的主要问题是什么？

他说：也没有什么大的问题，都是一些小事。比如，她要求我晒棉质的衣服要翻过来晒，但是我总是忘记；还有洗奶瓶洗得不干净，她都能数落半天。我不明白，我经常出差在外，好不容易在家几天，为什么不能好好相处？一点小事也能吵半天？

我问：你为什么会忘记你妻子让你晒棉质衣服要翻过来这件事？

他说：我主要是在想工作和学习的事，我是中专毕业，自考了大专，还想考个本科。

我肯定了他的工作态度和进取精神之后说：对于你妻子来说，晒衣服和洗奶瓶这样的事，可能不是小事。她可能会想：你经常出差在外，在家的时间本来就不多，就这么一点时间，我叫你做的事情你都不认真对待，那你的心里有我吗？有些女人可以吃物质贫穷之苦，但吃不了"你心中没有我"的精神之苦。

他听了之后，恍然大悟。

从心理学的角度来说，0~3岁，若孩子没有获得足够多的来自被抚养者（通常是父母）的无条件的爱，那么他将可能落下自卑的心结。

案例一中的A，出生离开母亲的子宫，是第一次分离焦虑；1岁后被送到农村的奶奶家，是第二次分离焦虑；而奶奶的死亡对于A来说则是第三次分离焦虑。如果A的父母决定要把A送回农村奶奶家，最好是先让奶奶到城里来与孩子相处一段时间，让A与奶奶建立情感连接后再送回农村，并且父母要经常尽可能地关爱A。当然，最好是父母把孩子留在自己身边。

案例二中的B，因为还有个哥哥，所以她特别容易产生父母更爱哥哥的心理感觉，而重男轻女，是有些父母的思想偏见。

案例三中的C，有些不幸，不仅有一对习惯指责抱怨的父母，还有一个习惯指责抱怨的奶奶。通过这个案例，我对爱孩子的家长及长辈的忠告是：爱孩子的最基本体现是不要对孩子说父母的坏话，父母也不要说孩子没出息、养你没有用之类的话。

案例四中的D在婚姻关系中活成了他父亲的样子，而他又不想像父亲那样懦弱，所以他努力工作和学习，但没有在工作、学习和生活中获得成长式的快乐，所以感到心累。

人的问题都可以归因为：未成年时期没有获得父母足够的爱造成了低自尊，形成了自卑心理，而在成年之后又没有去探索过什么才是真正的幸福和爱，只是一味地按照自己对幸福和爱的认知去行动，所以才难以获得真正幸福圆满的生活。

通过修身，了解个人幸福和团体幸福的规律，并按照该规律去修正自己的思想和行为，是每一个成年人的责任，也是获得幸福人生的路径。

给大学生或未婚男女的忠告

如果你是大学生或未婚男女，请一定要做好当下应该做的事情，提升你的自尊水平，直到真正能够接纳并感恩你的父母后再谈恋爱。因为，婚姻是同频共振的结果，高自尊配高自尊、低自尊配低自尊，如果你是低自尊配低自尊，婚姻相处和孩子教育都可能会有无尽的麻烦。

第九章
整体幸福心理学理论体系概述

　　大多数人只是想要生活得更幸福美好，到目前为止，我还没有发现有一本书能科学系统又通俗易懂地陈述人们的日常困难并教给人们获得更美好生活的实用办法，所以，我结合中华传统文化和人格发展的心理规律，以及我 60 多年的生命经历和体验，总结出了"整体幸福心理学理论体系"，幸福家风班风联合建设就是依据整体幸福心理学的理论观点为化解家庭教育和中小学教育困难而开出的整体幸福处方。本章将介绍关于整体幸福心理学的理论观点和价值。

第一节 关于整体幸福心理学

什么是整体幸福心理学

一句话来说，整体幸福心理学，是关于个人之间、个人与团体之间、个人与自己之间和谐共生的关系法则，是关于个人幸福和团体幸福的理论与方法，是关于喜怒哀乐的规律学说，是关于真正的幸福、爱、正确四观、健康人格、生命的价值和意义等人生核心议题的定义和修养方法，是做人做事的"交通法则"，遵守它，人生就幸福顺利，不遵守它，人生就处处碰壁。

整体幸福心理学的"道"的内涵是指"命运共同体……"的法则和人格发展八阶段理论。

人为什么很难达到"命运共同体……"的意识境界？为什么很难有命运共同体的意识？为什么很难做到各司其位、各尽其责？如何才能真正形成个人幸福和团体幸福必须具备的文化氛围？这些，就是整体幸福心理学要回答的问题。

整体幸福心理学的主要观点

（1）把"命运共同体，素其位而行；君仁臣忠，父慈子孝；遵循规律，反求诸己"作为个人幸福和团体幸福、做人做事的法则，把领悟这条法则的内涵、高自尊形成的规律，以及清楚自己在团体中的角色责任并能做好自己应该做的事，作为修身的方法，是一种成熟的衡量标准。

（2）能真诚表达、及时反馈、遵循规律、反求诸己、发现优点、发现美好、真诚合作、敬老爱幼、爱国爱家、爱自己、爱学习、爱工作、爱分享等行为表现，是健康人格和正确四观的基本体现。

（3）整体幸福心理学，把个体的行为看成其自尊水平与外部因素相互作用的结果，而不是个体单方面的问题。问题解决的方式，就是普及"命运共同体……"这种人道法则和人格心理学关于高自尊形成的规律，并建设能提升个体自尊水平的家庭幸福文化规范、班级幸福文化规范和工作团体幸福文化规范。整体幸福心理学，是综合解决个人问题、家庭问题、班级问题、工作管理问题和社会问题的思想修养方面的系统理论和方法。

（4）整体幸福心理学是中华传统文化核心观点的概括和创新，也是心理学的理论创新，它不是普通心理学，也不是积极心理学，而是一种系统的个人幸福和团体幸福的理论体系，它将中华传统文化的核心观点和人格发展心理学的理论结合起来，构成了一个既系统又简单通俗的关于幸福和爱的理论和方法，每个人都可以通过了解它而获得更美好的生活。

整体幸福心理学适合什么人学习

（1）所有成年人。

（2）特别是家长、教师、学校领导或企事业单位领导、心理咨询师、社会工作者、育婴师、老年人护理者等，凡是想要获得更美好生活和工作成就的各类人士。

（3）最好是在中学时期就开始学习。

总之，越早掌握整体幸福心理学常识，越能充分发挥自己的天赋和潜能，使自己的生命价值和意义最大化，使人生更精彩。

第二节　个人掌握整体幸福心理学常识的效用

对青年的效用

如果在中学阶段就能领悟"命运共同体……"的内涵和高自尊

形成的规律，并不断修正自己的言行，形成正确的四观，将大幅提升自己的学习成绩、逻辑思维能力、理解能力、核心意识和大局意识。

未婚青年恋爱前如果能领悟"命运共同体……"这种人道法则的内涵和高自尊形成的规律，并在学习和生活中不断修正自己的言行，提升自己的自尊水平，就有了恋爱婚姻幸福的思想基础。

对年轻家长的效用

对年轻家长来说，没有什么比婚姻家庭幸福、孩子教育成功和工作顺利更能让人感受到幸福圆满的事情了，而及早领悟整体幸福的心理规律，将大大提升自己达到上述期待的可能性。

对中小学班主任的效用

中小学班主任及早领悟整体幸福心理学的核心观点，不仅会让自己的婚姻幸福和孩子教育成功有了保障，而且还会让自己在众多中小学班主任中脱颖而出，成为真正桃李满天下的老师，对自己、家庭及国家来说，都是功在当下、利在千秋的伟业。

对中小学校长及企事业单位领导的效用

没有一个领导者或管理者不希望自己的团体成员心往一处想、劲往一处使，而如果领导者、管理者能够及早领悟整体幸福心理学的核心观点，并自己带头做到，同时在自己所领导的团体中开展整体幸福心理学常识的学习活动，不仅将实现自己的领导梦想，在同级的管理者中也将脱颖而出。

第三节　普及整体幸福心理学常识的意义

普及整体幸福心理学常识，对个人的幸福人生和幸福家风、幸福班风、幸福和谐的社会风气的形成，以及各行各业的团体凝聚力、文化建设、国民道德素养的提升等都有重大意义。

对个人的意义

对个人来说，领悟幸福规律，对于形成正确的四观、明确奋斗目标、减少精力浪费、增加智慧、减少烦恼、身心健康等都有重大意义。

对家庭的意义

如果家庭中人人能领悟"命运共同体……"的人道法则，并按照这个法则去修养自身，那么家庭中的所有问题都将迎刃而解。因为，这样家庭中人人都能做到各就各位、各尽其职，整个家庭关系和谐、长幼有序、沟通顺畅、健康友爱，自然能形成幸福有爱的家风。而家庭是社会的细胞，是国家这个大团体中的个体，每个家庭都和谐友爱，国家就能更加和谐富强；国家和谐富强，又会反过来惠及每个家庭，使每个家庭都更幸福富有。

对企事业单位的意义

对一个企事业单位来说，普及整体幸福心理学常识的意义更加重大。企事业单位是比家庭更大的组织，如果组织里每一个人都能领悟"命运共同体……"这种人道法则，人人都能做到各就各位、各尽其责、各得其乐，那么全体成员的家庭就会更和谐幸福，工作也更加主动积极、更有创新意识，还能大大减少企事业单位的培训经费，提升各种业务培训的质量，等等。

对社会和谐的意义

家庭和企事业单位是社会的细胞，就像一个人一样，每个细胞都健康，整个身体才健康；整个身体的大部分细胞都健康，才能促进局部个别的病态细胞或亚健康细胞恢复健康状态。家庭和企事业单位的人都具备"命运共同体……"意识，都能做好自己应该做的事情，就能促进社会的自由、平等、公正和法治建设，促进社会的和谐发展。

第四节　每一个成年人的责任

成为幸福快乐的人

美国思想家爱默生说："一个人对世界的最大贡献，就是让自己幸福起来。"这句话有一定的道理，但是有前提的，那就是：你的言行对他人、对团体、对社会和国家有益，如果你的言行不能助力他人、团体和国家发展得更好，或者你的幸福是建立在损害他人利益、破坏社会和谐和国家安全的基础上的，那么，你的幸福就不是对世界的贡献，而是对世界的伤害，而你也不可能获得真正的可持续的幸福。

帮助他人成为幸福快乐的人

"爱出者爱返，福往者福来"，一些成年人很少感受到幸福，原因是多方面的，而没有真正地想要去关心一个人（或团体）、帮助一个人（或团体）达成梦想，可能是一个比较核心的原因。所以，从今天开始，你可以在你的家庭或工作单位里找一个可以帮助的人，尽你所能协助他达成梦想，或者为你的家庭幸福或工作团队的发展做一件有意义的事情。帮助他人或团体发展得更好，是达成自己人生幸福的必经之路。

创新性地做好自己在家庭和工作团体中应该做的事

追求幸福是每一个人的渴望，然而，如果你的家庭和工作团体很糟糕，那么你是幸福不起来的。所以，成为幸福快乐的人的最大着力点，就是清楚你在家庭和工作团体中的角色，并创新性地做好你应该做的事情，这也是一个人有价值感、成就感和幸福感的基础。

为自己所在团体的幸福、富强而奋斗

自己的家庭和工作团体和谐富强，自己才可能有幸福和安全，这是每一个成年人都能理解的。所以，"为自己所在团体的幸福富强而奋斗"，就是为自己的家庭幸福、工作团体和国家的幸福富强而奋斗。

附录一　中华心理学应该成为世界心理学的
领头羊

附图１　学生心理健康维护

2023 年 8 月 19 日，我参加了南宁市第十人民医院组织召开的"学生心理健康维护和促进经验交流论坛"（见附图 1），并在会上作了《防治青少年问题的系统策略》的主题分享。会议结束后，我写了一篇名为"中华心理学应该成为世界心理学的领头羊"的文章，意在进一步扩大中华心理学的影响力，甚至走向世界，与世界心理学文化融合，并成为主导，以惠及更多的人。下为文章全文内容：

首先感谢南宁市第十人民医院领导团体的大爱情怀，组织召开了"学生心理健康维护和促进经验交流论坛"，而我有幸在会上作《防治青少年问题的系统策略》的主题发言。

感谢各位老师的真诚分享。同时，在听了各位老师的分享之后，我很是感慨：我们把心理学的功能用小了。

从 2003 年国家开始心理咨询师执业资格考试以来，已经过去 20 年了，但我们还在照搬各心理治疗流派的理论和方法，特别是把心理学只用于"救火"，即只应用在个体心理咨询、危机干预、自杀干预或预防之类的心理健康筛查工作……作为心理咨询执业者，我们是该停下来想一想了。

于我看，心理学的作用不应该只是防治心理问题，其更大的作用应该在于塑造人们正确的世界观、人生观、价值观、幸福观和培养健康强大的人格。就整体的工作布局而言，它应该像消防部门那样：

（1）布设消防管道；

（2）宣传消防常识；

（3）提升消防意识；

（4）灭火。

如果消防部门不做前面的三步工作，只做第（4）步，那将会是这样的局面：每天不是在灭火中，就是在去灭火的路上，而这火，永远都灭不完。

所以，对一个团体来讲，比如学校、企事业单位等，心理学的应用或服务，应该是这样子的：

（1）"布设消防管道"：将全部成员分班分组。

（2）"宣传消防常识"：在全体成员中普及中华传统文化和心理学关于个人幸福和团体幸福的规律常识，关于爱、道德以及正确的世界观、人生观、价值观、幸福观、学习观、金钱观、恋爱观、爱国观和健康人格等这些对个人幸福来讲非常重要的议题的规律常识，并聚焦幸福家风班风或工作团队的幸福文化联合建设，以提升全体成员的思想意识和境界格局。对中小学校来说，"全体成员"是指包括家长、师生、校长和学校职工在内的全部成员。

（3）"提升消防意识"：定期举办家庭幸福研讨会，让人们分享学习心得或问题，从而唤醒人们的命运共同体的意识，并增强人们自律地去完成自己应该做的事情的动力。

（4）"灭火"：分小组管理，及时关注小组中成员的心理状态，若发现某成员思想消沉，除小组成员互相关心之外，要逐级上报。

就整个过程来讲，我们的心理服务工作还是处在"灭火"这样的一个状态里。而我们有世界上最优秀的人文文化，却没有去用，没有跟心理学融合起来去解决人的问题，真的是太浪费了。

中华传统文化的核心观点，我把它总结成了下面这几句话："命运共同体，素其位而行；君仁臣忠，父慈子孝；遵循规律，反求诸己"，这也是个人幸福和团体幸福的规律，它相当于是交通法规，人人了解并遵守它，才可能保障每一个人安全地到达目的地。

于我看，把"命运共同体……"这几句话放在火车头、把人格发展心理学理论放在火车尾，才是一个科学的人文文化思想系统，也是心理学的理论系统。我把这样的一种思想文化修养系统称为"中华心理学"、"中华文化心理学"或"整体幸福心理学"。

我个人认为，将中华传统文化与人格发展心理学相融合，将是世界心理学理论发展的趋势，也是中华传统文化的新发展。

就像一个内科医生给人看病，不单要治好他的病症，还要引导他去调整自己的生活方式，让他走在更科学的生活方式这条轨道上，这才是真正的防病、健身。

心理咨询或服务工作同理，我们不仅要协助求助者化解心理问题，更重要的是把求助者的心态或世界观、人生观、价值观、幸福观、金钱观等引领到正确的轨道上，这样，才能从根源上解决问题，并使求助者能充分活出生命的价值和意义。

于我的观点，人的问题皆是自尊水平不足、四观欠正确而引发的，所以，我提出"要用健康的思维方式治思维方式病"这样一个思路。

现在我们讲医校合作，如果能在上述所说的类似消防部门的

（1）（2）（3）（4）这四步上合作，才算是更有效和更科学的合作。

以上，是我昨天参会之后的随想，若有不妥之处，期待大家指正，谢谢！

田小芬 2023 年 8 月 20 日

附录二　田小芬填词并谱曲的《命运共同体之歌》和《家国情怀歌》

命运共同体之歌

1 = C

$\frac{2}{4}$　　　深沉而有力地　　　词曲：田小芬

2　3 | 1 2　3 | 2　3 | 5 6　7 | 6 - | 6 -|

6　6 | 5 6　3 | 5　5 | 3 2　3 | 2　3 | 1 2　3 | 2　3 | 1 2 | 6: ‖
命运　共同体素其　位而行　创新　性合作　凡事　循规　律。
命运　共同体素其　位而行　创新　性合作　凡事　求诸　己。

2　3 | 1 2　3 | 2　3 | 5 6　7 | 6- | 6- | 6 0　5 6 | 7 | 6 |
创新　性合作凡事　求　诸　己　　　求　诸　己

家国情怀歌

1= C　2/4

欢悦而深情地　　　　　　　　词曲：田小芬

(3 3 |3 . 33 |3 . 33 | 55 32 |1) 1 . 2 | 3 3 |
　　　　　　　　　　　　　　　五 星 红 旗

5 . 6 | 5 3 | 1 . 2 3 | 3 2 . 2 | 2 1 | 1 5 . 5 |
高 高 飘 扬 我们的 信 念 多 么 坚强　 共 建

ī ī ī 2 ī 6 . ī 6 5 . 6 | 5 3 | 2 . 3 2 | 1 - | 1 . 0 |
我 们 伟 大 的 祖 国 人 民 幸 福 国 家 富强

3 . 3 3 | 3 . 0 | 3 . 3 5 | 5 . 0 ī . ī ī 5 |
没 有 贫 穷 没 有 烦 恼 人 人 都 是

6 5 6 | 5 . 0 | 3 . 3 3 | 3 . 0 | 2 . 2 5 | 5 . 0 |
创 新 能 手 夫 妻 恩 爱 老 人 开 心

3 . 3 2 3 | 5 5 22 | 1 - 1 | 5 . 5 ī . ī ī ī ī ī |
孩子们 健 康 快乐 有 自 信　 我 们 都 是 家 庭 和谐的

6 6 5 | 5 5 . 5 1 . ī ī ī ī | 6 6 5 | 5 . 0 |
建 设 者　 我 们 都 是 国 家 建 设 的 栋 梁

5 4 3 | 3 2 1 | 5 4 3 2 | 1 1 | 1 . 2 |
爱学 习 爱工 作 爱国 爱家 爱自 己　 五 星

3 3 | 5 . 6 | 5 3 | 1 . 2 3 | 3 2 . 2 |
红 旗 高 高 飘 扬 我们的 信 念 多 么

2 1 | 1 5 . 5 ī ī | ī 2 ī | 6 . ī 6 5 . 6 |
坚强　 共 建 我 们 伟 大 的 祖 国 人 民

5 3 | 2 . 3 2 | 1 - | 1 5 . 5 ī ī ī 2 ī |
幸 福 国 家 富强　 共 建 我 们 伟 大 的

6 . ī 6 - 5 . 6 5 | 3 5 . 6 2 - ī - ī - ī . 0 |
祖 国 人民 幸 福 国 家 富 强

173

参考文献

1. 王阳明著，北京知行合一阳明教育研究院编．致良知是一种伟大的力量（原文版）［M］．北京：东方出版社，2016．

2.〔美〕艾里希·弗洛姆著．健全的社会［M］．孙恺祥译，北京：人民文学出版社，2018．

3. 南怀瑾著述，论语别裁（下册）（第三版）［M］．上海：复旦大学出版社，2002．

4. 南怀瑾著述，论语别裁（上册）（第三版）［M］．上海：复旦大学出版社，2002．

5. 习近平著．习近平谈治国理政（第四卷）［M］．北京：外文出版社，2022．

6.［美］卡伦·霍妮著．我们时代的病态人格［M］．刘丽译，北京：台海出版社，2016．

7.〔美〕艾里希·弗洛姆著．爱的艺术［M］．赵正国译，北京：国际文化出版公司，2004．

8.［美］乔纳森·布朗，玛格丽特·布朗著．自我（第2版）［M］．王伟平，陈浩莺译，彭凯平审校，北京：人民邮电出版社，2015．

9.[美]维吉尼亚·萨提亚著.新家庭如何塑造人(第二版)[M].易春丽等译,北京:世界图书出版公司,2018.

10.[美]伯格(Burger.J.M)著.人格心理学(第六版)[M].陈会昌等译,北京:中国轻工业出版社,2004.

11.[美]维吉尼亚·萨提亚(Virginia Satir)等著.萨提亚家庭治疗模式[M].聂晶译,北京:世界图书出版公司,2007.